D1695008

NZZ **LIBRO**

JORGE FREY
EUGEN STAMM

VON GELD UND WERTEN

Ungeschriebene Gesetze für eine erfolgreiche Vermögensübergabe

NZZ LIBRO

© 2019 NZZ Libro, Schwabe Verlagsgruppe AG

Lektorat: Marcel Holliger, Zürich
Umschlaggestaltung: icona basel, Basel
Gestaltung, Satz: Gaby Michel, Hamburg
Druck, Einband: Kösel GmbH, Altusried-Krugzell

Dieses Werk ist urheberrechtlich geschützt. Die dadurch begründeten Rechte, insbesondere die der Übersetzung, des Nachdrucks, des Vortrags, der Entnahme von Abbildungen und Tabellen, der Funksendung, der Mikroverfilmung oder der Vervielfältigung auf anderen Wegen und der Speicherung in Datenverarbeitungsanlagen, bleiben, auch bei nur auszugsweiser Verwertung, vorbehalten. Eine Vervielfältigung dieses Werks oder von Teilen dieses Werks ist auch im Einzelfall nur in den Grenzen der gesetzlichen Bestimmungen des Urheberrechtsgesetzes in der jeweils geltenden Fassung zulässig. Sie ist grundsätzlich vergütungspflichtig. Zuwiderhandlungen unterliegen den Strafbestimmungen des Urheberrechts.

ISBN 978-3-03810-403-2
ISBN 978-3-03810-429-2 (E-Book)

www.nzz-libro.ch
NZZ Libro ist ein Imprint der Schwabe Verlagsgruppe AG.

Für meine Eltern, Walter und Verena Frey-Marti, in Dankbarkeit für die Werte, die sie vorgelebt haben und die mich auch heute noch begleiten. Für meine Frau Susanne und meine Kinder Clarissa und Hannah, die möglich machten, was ich mir wünschte.

Für Marianne und Jürg Pfister in Anerkennung ihres sozialen Engagements und als Dank für ihre Grosszügigkeit.

INHALT

DISKRETION

Ein Buch für die Praxis lebt von Beispielen aus der Praxis. Wir legten daher grossen Wert auf Authentizität, aber auch auf Vertraulichkeit. Um diesen beiden Anforderungen gerecht zu werden, haben wir unseren Interviewpartnern Diskretion zugesichert. Es war die Basis für die sehr offen geführten Gespräche. Die mit einem * gekennzeichneten Namen im Text sind Pseudonyme. Bei allen anderen Namen handelt es sich um Personen, die uns autorisiert haben, ihre Identität preiszugeben.

VORWORT

Wer vermögend ist, der hat Freiheit. Wie man sie sinnvoll gebraucht und wie man seine Nachkommen auf die Verantwortung der Freiheit vorbereitet, davon handelt dieses Buch.

Wir, die beiden Verfasser, haben uns im Sommer 2016 zum ersten Mal getroffen. Wir sprachen über die Übertragung von Vermögen von einer Generation auf die nächste – und die Schwierigkeiten, die dabei auftreten. Aus unserer Diskussion entstand ein Artikel mit dem Titel «Emotionen ignoriert man auf eigene Gefahr», der in der *Neuen Zürcher Zeitung* erschienen ist. Später wurde uns klar, dass wir das Gespräch weiterführen und ausweiten wollen; denn wie man mit Vermögen umgeht – ob man es nun selber geschaffen oder geerbt hat – und wie man seine Nachkommen lehrt, vernünftig von der finanziellen Freiheit Gebrauch zu machen, darüber gibt es im deutschsprachigen Raum wenig zu lesen. Diese Lücke ist erstaunlich, umso mehr, als in den USA mit einer gewissen Leichtigkeit über die verschiedenen Facetten des Reichtums diskutiert wird.

Diesem Thema sollte auch in der Schweiz – dem Land, das weltweit als Zentrum der Vermögensverwaltung gilt – mehr Aufmerksamkeit geschenkt werden. Wie man ein Vermögen verwaltet und rechtlich strukturiert, darüber weiss man in der Schweiz viel. Es zu mehren, fasziniert, aber wie man Reichtum weitergibt, mit welcher Grundhaltung man ihn verknüpft, sodass er zu einem Geschenk wird und nicht zu einer Last, darüber wird, so glauben wir, zu wenig explizit nachgedacht.

Die beiden Büros, in denen wir arbeiten, liegen nur einen Steinwurf voneinander entfernt im Herzen von Zürich, am Sechseläutenplatz. Wir sehen dasselbe, wenn wir aus dem Fenster schauen, nur von verschiedenen Seiten. Das gilt auch für unsere Arbeit. Als Partner eines Family Office und als freier Autor für die NZZ sprechen wir dieselbe Sprache, die auch Unternehmer- und Investorenfamilien sprechen. Ob sie allerdings mit uns über ein so intimes Thema wie Geld in der eigenen Familie sprechen würden? Am Anfang dieses Projekts waren wir uns da gar nicht so sicher. Klar war für uns einzig, dass wir uns nicht aufmachen wollten, um Theorien zu sammeln, sondern Stimmen aus und für die Praxis. Wir wollten genau wissen, wie es um die Sorgen der Vermögenden steht. Darüber, sagten wir uns, wollten wir uns mit ihnen unterhalten.

Wir trafen an vielen Orten, wo wir anklopften, auf offene Ohren. So unterhielten wir uns im Verlauf eines Jahrs mit über 30 Personen aus der ganzen Schweiz, einige von ihnen sehr vermögend, andere vermögend oder gut situiert. Unter den 30 Personen waren auch einige Berater, die die Verhältnisse sehr gut kennen und von ihren Erfahrungen in Bezug auf den Vermögensübergang berichten konnten. Das gesamte Vermögen dieser Familien schätzen wir auf weit über 10 Milliarden Franken. Sie sind in verschiedenen Branchen tätig, einige haben ihr Vermögen selbst geschaffen, andere führen ein von ihren Vorfahren gegründetes Familienunternehmen weiter.

Ihre Offenheit hat uns sehr gefreut und positiv überrascht. Galt früher nicht das ungeschriebene Gesetz, dass man Geld hat, aber nicht darüber redet? Anscheinend ändert sich das; das ist auch unser Ziel. Vielleicht waren wir dank unseres beruflichen Hintergrunds vertrauenswürdig genug als Fragensteller. Vielleicht ist es aber – dieses Gefühl hatten wir nach mehr als einem Gespräch – auch ein Bedürfnis vermögender Personen, ihre Beziehung zu Geld im Gespräch mit einer unabhängigen Person zu klären.

Vielen unseren Gesprächspartnern haben wir Anonymität zugesichert. Verträgt sich das mit der zuvor erwähnten Offenheit? Wir finden das nicht nur deswegen verständlich, weil uns teils sehr schwierige familiäre Ereignisse und Konstellationen offengelegt wurden, sondern noch aus einem anderen Grund: Wir wollten nicht einzelne Familien oder Personen um der Sensation willen porträtieren, sondern Lehren ziehen, die allen dienen.

Wohlstand und Reichtum breiten sich weltweit aus. Wir unterscheiden die Begriffe so: Wer dank seiner Arbeit all seine Bedürfnisse decken kann, angenehm wohnt, medizinisch versorgt ist, am kulturellen Leben teilhat und seine Kinder gut ausbildet, lebt im Wohlstand. Reichtum hingegen bedeutet, solche Kosten durch die Erträge seines Vermögens decken zu können. Ob jemand reich ist, entscheidet sich also auch durch seine Ansprüche, nicht nur durch die Grösse seines Vermögens. Manche sagen, richtig reich sei man erst, wenn man von den Zinsen des Vermögens leben kann oder, anders gesagt, mehr als 100 Millionen Franken besitzt. Andere wiederum fühlen sich reich, wenn sie Dinge besitzen, die man mit Geld nicht kaufen kann.

An dieser Stelle ist eine Erklärung angebracht zum moralischen Kompass, mit dem wir als Verfasser dem Gegenstand unserer Untersuchung begegneten. Wir sind der Meinung, dass Vermögen, mit legalen Mitteln erarbeitet und ordnungsgemäss versteuert, für die nächste Generation ein Segen sein kann und nichts ist, dessen diese sich schämen müsste. «Frei nur ist, wer seine Freiheit gebraucht», so steht es in der Bundesverfassung. Wer sie nur zu seinem eigenen Vorteil nutzt, schadet nicht nur dem Gemeinwohl, sondern auch seiner Familie, das ist unsere Überzeugung. Denn man gibt mehr als nur Vermögen weiter – man vermittelt auch seine Einstellung dazu.

Vermögende werden erst dann zu ehrenwerten Bürgern, wenn sie ihren Beitrag zum Gemeinwohl leisten, sei es durch das Schaffen von Arbeitsplätzen, das Bezahlen von Steuern oder durch philanthropisches Engagement. Wir haben mit solchen Personen gesprochen. Es sind Leute wie sie, denen die Schweiz ihre Stabilität, ihre industrielle Tradition, ihre hervorragende Infrastruktur, zu der auch das Sozial- und Bildungssystem gehört, verdankt. Sie machen das Land zu einem Ort, an dem auch künftig Vermögen geschaffen werden können. Solche Leute sind wichtig, aber sie sind nicht das Mass aller Dinge. Denn wie es ebenfalls in der Bundesverfassung steht, ist es «gewiss, dass die Stärke des Volks sich misst am Wohl der Schwachen».

Die Essenz dessen, was man sich am Ende seines Lebens wünscht, hat eine Mutter einmal in ihrem Testament aufgeschrieben. Als der Notar den Nachkommen das Testament eröffnet, liest er nur drei Wörter vor: «Kinder, vertragt Euch!» Das Vermögen war überschaubar, die Erblasserin traute den Nachkommen zu, mit der neuen Situation umgehen zu können. Die drei Wörter stehen jedoch auch für die Brisanz jeden Vermögensübergangs. Man will Streit vermeiden und hofft, dass die Kinder weitertragen, was die Vorfahren ihnen mitgegeben haben.

Ein Sprichwort sagt, dass Geld den Charakter nicht verändert, sondern ihn sichtbar macht. Umso mehr sollte man versuchen, zeit seines Lebens die familiären Beziehungen so zu gestalten, dass sie auch nach dem eigenen Ableben intakt bleiben. Entscheidend in der Nachlassplanung sind nicht technische Details, sondern weiche Faktoren wie Emotionen und psychologische Sachverhalte. Ziel dieses Buches ist es deshalb, vermögende Familien in diesem Prozess gedanklich zu unterstützen und Wege aufzuzeigen, wie eine erfolgreiche Vermögensübergabe vorbereitet wird.

Wir möchten ausserdem mit diesem Buch einen Stein ins Rollen bringen, nicht nur bei den zahlreichen Familien, für die das Thema relevant ist, sondern auch bei Praktikern, die diese Familien in solchen Fragen beraten: Vermögensverwalter, Private Banker, Anwälte, Treuhänder, Psychologen und andere. Wir sind der Meinung, dass es unter ihnen allen einen Austausch braucht, um das Thema «Family Governance» voranzubringen und auf ein Niveau zu heben, das dem Stellenwert der Schweiz als Vermögensverwaltungsstandort entspricht. Dieses Buch ist ein erster Wurf; viele Fragen werden noch unbeantwortet bleiben, viele Stimmen ungehört. In diesem Sinn haben wir die Informationsplattform www.familygovernance.ch eingerichtet, wo Interessierte weitere Informationen zum Thema finden. Die Verfasser sind für Anregungen und Feedback unter j.frey@familygovernance.ch und e.stamm@familygovernance.ch erreichbar.

Zürich, im November 2018
Jorge Frey, Eugen Stamm

EINLEITUNG

«Offenbar gibt es ein Gesetz dafür, wann Familien kollabieren: Wenn sie von einer Illusion leben und krampfhaft versuchen, an ihr festzuhalten.»

Paul Gattiker[*]

DER MANN AM NEUMARKT

Ein warmer Frühlingstag im Jahr 2007. Ich, einer der Verfasser, sitze vor einem Restaurant am Neumarkt in Zürich, als sich ungefragt ein älterer Mann an meinen Tisch setzt. Er stellt sich als Kaspar vor, ein Name, der ihm nicht gefalle. In der Schule hätten sie ihn immer «Suppenkasper» gerufen. Kaspar muss offenbar in diesem Stadtteil so etwas wie eine Institution sein. Er wird von zahlreichen Passanten gegrüsst und grüsst zurück. Das hier ist sein Revier. Der Kellner stellt ein gut gefülltes Glas Rotwein vor ihn auf den Tisch, es wird nicht das letzte sein. Kaspar raucht Zigaretten der Marke Parisienne, trägt eine dunkelviolette Hose und einen ausgebleichten Faserpelz-Pullover. Seine Zähne sind gelblich. Am meisten fällt seine Brille auf, die er verkehrt herum auf der Nase trägt.

Ein gut gekleideter Mann will sich mit der Begrüssung «Ich hoffe, ich störe nicht» ebenfalls an den Tisch setzen, worauf Kaspar sagt: «Das kann ich Ihnen erst sagen, wenn Sie eine Weile hier sind.» Der Mann stutzt, verzieht das Gesicht und geht. «Das war ein Architekt», sagt Kaspar abschätzig. Später werde ich verstehen, warum Kaspar etwas gegen Architekten hat. Er erzählt ein bisschen von sich, etwa, dass er für Zeitungen schreibe und andere, die seine Texte interessant finden. Einmal sei er für eine Arbeit auf der Kanalinsel Jersey gewesen, um über Victor Hugo zu recherchieren. Der Verlag habe alles bezahlt, das Essen sei vorzüglich gewesen. So geht es noch einige Zeit, bis Kasper sich eine neue Zigarette anzündet und beginnt, seine Lebensgeschichte zu erzählen.

Vor 100 Jahren ist Kaspars Grossvater in der Textilindustrie zu Vermögen gekommen. Als er stirbt, hinterlässt er jedem seiner Kinder, darunter Kaspars Vater, Millionen. Einige Nachkommen führen das Geschäft weiter. Kaspars Vater ist Architekt. Er übernimmt Aktien und Vermögen, von deren Erträgen seine Familie gut leben kann. Deswegen arbeitet er nur selten. Kaspar und seine Geschwister wachsen im

Verständnis auf, dass Geld wie Wasser aus dem Wasserhahn sprudelt, wann immer man es braucht.

Schon in seiner Jugend verschlechtert sich Kaspars Verhältnis zu seinem Vater. Kaum volljährig, haut er nach Berlin ab, arbeitet am Theater und beim Film. Finanziell kommt er mehr schlecht als recht über die Runden. Schliesslich überwirft er sich vollends mit seinem Vater, der eine andere Gesinnung hat als er, nicht nur politisch. Die Quittung für das Zerwürfnis erhält er, als er von seinem Vater bei einem Erbvorbezug gegenüber seinen Geschwistern schlechter gestellt wird. Also nimmt sich Kaspar einen Anwalt – die Fronten zwischen den beiden verhärten sich weiter. Kaspar bezahlt Anwaltshonorare, geht vor Gericht, bekommt Geld und verbraucht es wieder. Der familiäre Krieg wird unerbittlich ausgefochten, und mithilfe seiner Anwälte schafft er es schliesslich, nicht enterbt zu werden. Kaspar sagt seinem Vater: «Du wirfst mir vor, nichts aus meinem Leben gemacht zu haben? Du hast es ja selbst zu nichts gebracht!» Inzwischen ist das dritte Glas leer und der Aschenbecher voll. Seit Kaspar angefangen hat zu erzählen, wollte niemand mehr an unseren Tisch sitzen.

Später kommt es zum Waffenstillstand zwischen Vater und Sohn, aber vieles ist zerbrochen und lässt sich nicht mehr kitten. Kaspar lebt vom ererbten Vermögen seiner Vorfahren, das ihm nach und nach zufliesst und ihn immer wieder über Wasser hält.

«Wissen Sie, hätte mein Vater arbeiten gelernt und wäre ich in einer normalen Familie aufgewachsen, dann hätte ich es vielleicht auch zu etwas gebracht. An Können hätte es mir nicht gemangelt», sagt er zu mir. Er werde seinen Nachfahren nichts vererben. Vielleicht sei das auch besser so, denn so müssten sie für sich selbst sorgen. Erben sei eigentlich nichts Gutes und sollte besteuert werden, sagt er, ist aber trotzdem froh, dass die Erbschaftssteuer abgeschafft wurde. Sein Leben wolle und könne er jetzt nicht mehr ändern. Plötzlich hat Kaspar genug und bezahlt seine Rechnung. Wir verabschieden uns. Ich sehe ihm nach, wie er durch den Rindermarkt Richtung Niederdorfstrasse geht. Ein paar Monate später ist Kaspar tot. Eine Quartierzeitung berichtet, er sei im September 2007 «fast völlig unbemerkt gestorben».

Zu erben gilt allgemein als glückliche Fügung. Kaspars Geschichte zeigt aber, dass es auch eine Herausforderung ist. Allein in der Schweiz gehen Jahr für Jahr zwischen 60 und 70 Milliarden Franken von einer Generation auf die nächste über, Tendenz steigend.[1] Diese Zahl und unsere Erfahrung, dass die Themen Geld und Tod in vielen Familien immer noch Tabus sind, lässt uns vermuten, dass Kaspars Geschichte kein Einzelfall ist. An dieser Stelle werden sich wohl die meisten Leser sagen: «Bei uns in der Familie wird so etwas nie passieren!» Ist das wirklich so?

---

1 Morger, Mario, Stutz, Heidi, *Schätzung des Erbschaftsvolumens,* 2015, Update «Erben in der Schweiz», Büro für arbeits- und sozialpolitische Studien BASS AG: Bern 2017. In Deutschland sind es gemäss Statistischem Bundesamt etwa 400 Milliarden Euro pro Jahr und in Österreich basierend auf Schätzungen von Stefan Humer, Ökonom an der Wirtschaftsuniversität Wien, 15 Milliarden Euro.

1   WIR SIND VERMÖGEND, WAS JETZT?

«Wenn man nur glücklich sein wollte, wäre das bald geschafft. Aber man will glücklicher sein als die anderen und das ist fast immer schwierig, da wir die anderen für glücklicher halten, als sie sind.»

Charles-Louis de Montesquieu (1689–1755)

«DIR FÄLLT ALLES IN DEN SCHOSS!»

Die eigene Leistung ist für den Menschen ein grundsätzlicher Bestandteil des Lebensglücks. Geschenkte hundert Franken haben einen anderen Wert als selbst verdiente hundert Franken. Es ist ein entscheidendes Merkmal von Vermögenstransfers innerhalb der Familie, dass die Empfänger Vermögenswerte erhalten, für die sie selbst nichts getan haben.

Das meritokratische Prinzip ist in der Schweiz, so wie in anderen Ländern, nach wie vor stark verbreitet: Leistung legitimiert Einkommen. Jedes Jahr publiziert ein Magazin hierzulande eine Liste der 300 reichsten Schweizer. Während in den USA – von wo diese Idee importiert wurde – die Reichsten bewundert werden, schürt die Publikation in der Schweiz Neid und Missgunst. Sie vermittelt auch ein falsches Bild, wie ein Unternehmer sagt. Ein Grossteil seines Vermögens ist schliesslich in der Familienfirma gebunden, seine flüssigen privaten Mittel sind nur ein Bruchteil der Summe, die in der Liste der Reichsten angegeben wird.

Wer in einer Gesellschaft, die sich über Leistungsfähigkeit und -bereitschaft definiert, nichts anderes vorzuweisen hat, als Erbe zu sein, befindet sich sich selbst und anderen gegenüber im Erklärungsnotstand. Obwohl man viele Freunde haben mag, weiss man nicht, ob die Person oder der Geldbeutel geschätzt wird. Wenn das ererbte Vermögen einen zu starken Einfluss auf Identität und Lebensinhalt hat, besteht die Gefahr, einen wichtigen Teil seines Lebensglücks zu verlieren.

Die Vermögenden, mit denen wir gesprochen haben, sind sich bewusst, dass sie sich in einer privilegierten Situation befinden. Sie führen ein von Geldsorgen unbeschwertes Leben. Dafür sind sie dankbar. Schuldgefühle, weil es ihnen besser geht als fast allen anderen, haben sie nicht. In ihrer Einstellung zum Geld stimmen diese Personen darin überein, dass sie es nicht als etwas Schlechtes ansehen. Die Herausforderung liegt, soweit sind sie sich einig, vielmehr darin, etwas Sinnvolles damit zu tun. Eine Besonderheit der Schweiz ist, dass die Kinder vieler vermögender Familien gleich aufwachsen wie die von Familien mit Durchschnittseinkommen. Sie besuchen die gleichen öffentlichen Schulen und wohnen nicht in abgeschotteten «gated communities», sondern in sozial durchmischten Gemeinden. In den letzten Jahren ist jedoch eine Tendenz hin zur Abschottung bemerkbar, vor allem in den besser situierten und steuergünstigen Gegenden. Wir gehen im Abschnitt «Geld ohne Wurzeln» näher darauf ein.

Sandra Koch* ist das jüngste Kind einer Industriellenfamilie. Sie besucht die öffentlichen Schulen, verdient sich ab der sechsten Klasse ihr Taschengeld, indem sie in den Ferien im Familienunternehmen repetitive Arbeiten erledigt. Obwohl daheim viel über die Firma gesprochen wird, wächst sie in normalen, bürgerlichen Verhältnissen auf. Als ihr ein Schulkamerad sagt, dass ihre Familie reich sei, empfindet sie das als Beleidigung. Er habe damit sagen wollen, dass ihr aufgrund ihrer finanziellen Situation alles in den Schoss falle. Es stimmt zwar, dass ihre Eltern ihren Alltag in der Schul- und Ausbildungsphase finanziert haben, was in der Schweiz und auch in anderen Ländern selbstverständlich ist. Aber alles, was das Notwendige übersteigt, musste sie selbst finanzieren. So hat sie früh gelernt, dass man für Geld etwas tun muss, obwohl ihr die Eltern sehr vieles hätten kaufen können.

Peter Weber* besitzt ein Familienunternehmen in fünfter Generation. Obwohl seine Kinder nicht verpflichtet sind, ihm im Unternehmen zu folgen, zieht er sie früh in die Verantwortung und legt Wert auf Gleichbehandlung. Nach der obligatorischen Schulzeit sagt er ihnen einen einmaligen Ausbildungsbetrag von 100 000 Franken zu, unabhängig davon, welchen Weg sie wählen. Damit müssen sie ihre Lehre oder ihr Studium und die damit verbundenen Lebenshaltungskosten (Studiengebühren, Wohnung, Essen, Freizeit, Ferien usw.) bestreiten.

Was nach verlockend viel aussieht, ist verbunden mit der Auflage, dass sie von nun an finanziell selbst für sich sorgen müssen. Dauert die Ausbildung vier bis fünf Jahre, ist langfristiges Budgetieren gefragt. Weber* sagt, dass seine Kinder so lernen, zu planen und sich zu organisieren. Mit dem Budget gibt er ihnen indirekt auch einen zeitlichen Rahmen vor. Seine Kinder werden nicht ewig Zeit haben, die Ausbildung abzuschliessen. Geld soll mithelfen, zum Ziel zu führen, aber nicht davon abhalten. Bei Erreichen des 20. Lebensjahrs erhalten sie zudem Aktien der Familienfirma, deren jährliche Dividende ausreicht, um über die Runden zu kommen, aber zu mehr nicht. Mit der privilegierten Startposition ins Leben wird jeder Nachkomme anders umgehen. Peter Weber* verknüpft finanziellen Spielraum mit Eigenverantwortung. Daran will er festhalten.

Jamie Johnson ist ein Nachfahre der Unternehmensgründer von Johnson & Johnson, eines der grössten Gesundheitsunternehmen der Welt. Er reflektiert darüber, was es bedeutet, in eine vermögende Familie hineingeboren zu werden. 2003 hat er einen Dokumentarfilm mit dem Titel Born Rich[2] gedreht, in dem er Freunde und Bekannte zum Thema interviewt. Erschütternd ist die Aussage von Josiah Hornblower, einem Erben der Vanderbilt-Familie, die im 19. Jahrhundert mit Eisenbahnen ein riesiges Vermögen anhäufte.

An seinem 18. Geburtstag besucht ihn der Vater im Internat. Josiah muss viele Dokumente und sein eigenes Testament unterzeichnen. Er wird über Tatsachen ins Bild gesetzt, an die er nicht im Entferntesten gedacht hat. Dieses Ereignis fällt in eine Zeit, in der er darüber nachdenkt, was aus ihm dereinst werden soll und an welcher Universität er sich einschreiben will. Plötzlich ist er Multimillionär und erhält jedes Jahr aus einem Trust einen hohen sechsstelligen Betrag, während sich seine Freunde mit Sommerjobs über Wasser halten müssen. Die Situation überfordert Josiah, er gerät in eine Identitätskrise und unterbricht die Schule für zwei Jahre. Er sucht einen Job und findet eine Anstellung auf einem Ölfeld in Texas. Die Arbeit ist hart und kräftezehrend. Viele seiner Arbeitskollegen sind Immigranten, die nicht einmal über einen Sekundarschulabschluss verfügen. In der Mittagspause kommen sie ins Gespräch und lernen voneinander. Jeder ist fasziniert vom Leben des anderen. Es entstehen Kameradschaften über soziale Grenzen hinweg. Josiah hat diese Auszeit als die besten Jahre seines Lebens in Erinnerung. Er schliesst später doch noch seine Ausbildung ab und verdient mit seiner ersten Arbeitsstelle 50 000 US-Dollar im Jahr. Das Salär seiner geregelten Arbeit steht im starken Kontrast zur Aus-

---

2 *Born Rich* (USA, 2003): Regie Jamie Johnson, https://www.youtube.com/watch?v=maWdDl_OjlQ (Zugriff: 23.1.2019).

schüttung aus dem Familientrust von nahezu einer Million Dollar, für die er nichts zu tun brauchte.

Fünfzehn Jahre nach Erscheinen des Films forscht *Business Insider UK* nach, was aus den Erben geworden ist. Josiah erwähnt, dass er keine Reue habe, beim Film mitgemacht und sich kritisch geäussert zu haben. Er hat 2007 geheiratet und engagiert sich in zwei Firmen, die er mitgegründet hat.[3]

GELD OHNE WURZELN

Ein zweites Merkmal von Vermögen ist, dass es zu sozialem Aufstieg und Konsum drängt, aber nicht glücklich macht. Das zeigt das Beispiel von Nick Bauer*, einem leitenden Angestellten eines Finanzinstituts, der befördert wird. Sein Einkommen steigt stark an, also sucht er nach einem neuen Wohnhaus in einem steuergünstigen Kanton. Noch bevor das Jahr um ist, zieht er mit seiner Frau und seinen zwei schulpflichtigen Kindern aus dem einfachen, aber gemütlichen Häuschen in einer Vorortsgemeinde in ein repräsentatives Domizil an bester Lage. Er hat erreicht, was er immer wollte.

Die Familie richtet sich am neuen Ort auf viel Raum ein. Die Steuerersparnis ist beträchtlich, der Arbeitsweg akzeptabel und die Weitsicht auf Berge und See eindrücklich. Aber leider lebten sie nicht glücklich bis an ihr Lebensende: Aufgrund seines verantwortungsvollen Jobs ist der Vater kaum noch zu Hause. Er glaubt zwar, dass es seiner Familie aufgrund des sozialen Aufstiegs besser gehe als zuvor. Aber seine Frau vermisst ihre Mutter, die vorher nur ein paar Hundert Meter entfernt wohnte und sie in der Kinderbetreuung unterstützte. Am neuen Ort eine Teilzeitstelle zu finden, stellt sich für sie zudem als schwierig heraus. Die Kinder versuchen mit unterschiedlichem Erfolg, neue Freunde zu finden. Das jüngere Kind rebelliert. Das Dorfleben ist anders, anonymer. Man pflegt mit den Nachbarn keinen Austausch. Die Familie kommt am neuen Ort nie richtig an.

«Man kennt die Autos, mit den Menschen hat man wenig Kontakt»,

---

3 Cain, Áine, «15 Years After 11 Uber-Wealthy Heirs Appeared in the Controversial Documentary *Born Rich*, Here's Where They Are», in: *Business Insider*, 7.7.2018, http://uk.businessinsider.com/born-rich-where-are-they-now-2018-2?r=US&IR=T (Zugriff: 23.1.2019).

schreibt Beatrice Gerwig in einer Kolumne des *Erlenbacher Dorfbotts*, einer Lokalzeitung. Erlenbach ist eine kleinere Gemeinde an bevorzugter Lage am Zürichsee, wo Frau Gerwig seit 1963 lebt. Die Wiesen und Felder haben wegen des Baubooms Terrassenbauten Platz gemacht. Stellten sich früher die Zugezogenen der Nachbarschaft noch vor, bleiben sie heute unsichtbar und leben in Liegenschaften mit Sichtblenden. Obwohl sie nur wenige Meter voneinander entfernt wohnen, bekommen sie einander selten zu Gesicht. Am Schluss der Kolumne schreibt Gerwig: «Ein Wohnquartier ohne spielende Kinder ist definitiv eine öde Sache.»[4]

Reichtum kann Menschen dorthin treiben, wo andere Reiche sich aufhalten. Mit dem Umzug in eine privilegierte Wohngegend entstehen aber Herausforderungen. Man orientiert sich an den neuen, reichen Nachbarn, vergleicht sich mit ihnen, wodurch eine Dynamik entsteht, die die Menschen schleichend und unbewusst verändert. Wo früher die sozialen Schichten gut durchmischt waren, konzentrieren sich heute Menschen, die an der Spitze der Einkommens- und Vermögenspyramide stehen. Nur noch vermögende Familien können sich solche Orte als Domizil leisten. Einwohner, die schon seit Generationen an diesem Ort leben, sich verankert fühlen und die Kultur mitgestalten, werden zur Minderheit. Sie befürchten zu Recht, dass ihre Gemeinde zu einem «golden ghetto» oder einem Country Club verkommt, wo Vermögende unter sich bleiben und grosse Häuser bauen, sich aber wenig für die Gemeinde interessieren, in der sie wohnen. Man orientiert sich häufig danach, was man sich leisten kann, fragt aber zu wenig, ob man sich das auch tatsächlich leisten will. Dieser Sogwirkung des Vermögens muss man sich bewusst werden.

Roland Fuchs*, der ehemalige Chef eines Unternehmens in einer stark wachsenden Industrie, erlebt, was das Lohnkarussell mit den Menschen anstellen kann: «Die schlimmsten Lohndiskussionen hatte ich mit Mitarbeitenden, die ihren Lebensstandard laufend dem steigenden Salär anpassten. Ich kann mir nur vorstellen, wie hoch der Druck

---

4 Gerwig, Beatrice, «Unsichtbare Nachbarn», in: *Erlenbacher Dorfbott*, Frühling 2018, http://www.schule-erlenbach.ch/dl.php/de/5abcb752a129e/Dorfbott_Fruhling_2018.pdf (Zugriff: 23.1.2019).

des Umfelds auf diese Personen war. Für viele ist immer der relative Vergleich mit den anderen entscheidend, ob man mit seinem Einkommen zufrieden ist.»

Ein grossartiges häusliches Umfeld, teure Ferien an entfernten und schönen Orten – dieser Lebensstil wird bald zum Courant normal. Sich zu besinnen, sich nicht alles zu leisten, was man sich leisten könnte, das ist für viele eine zu hohe Hürde. Vor allem Familien, die durch die berufliche Tätigkeit des Vaters oder der Mutter in eine vermögende Situation hineinwachsen, sehen sich mit dieser Herausforderung konfrontiert. In Familien, wo das Vermögen schon seit mehreren Generationen besteht, geschieht es eher, dass Träume bewusst nicht realisiert werden.

Für vermögende Eltern stellt sich die Frage, wo sie die Grenze ziehen sollen zwischen dem sinnvollen Erfüllen von Wünschen ihrer Kinder und einem Luxus, der Arroganz und Anspruchshaltungen entstehen lässt. Zu viel Geld kann nämlich zur Isolation führen. Bei einem Besuch in einer Villa am See in Zürich sah einer der Verfasser einmal das «Spielzimmer» des Sohns der Familie, der vielleicht acht oder neun Jahre alt war. Auf gut 100 Quadratmetern Fläche waren Hunderte von Spielzeugautos und Bagger verteilt, zwischen realistischen Landschaftsmodellen. Der Traum jedes Jungen! Glücklich sah der Junge aber nicht aus, denn er spielte nicht mit Freunden aus der Nachbarschaft, sondern mit einem Butler, einem älteren Herrn, den Bagger offensichtlich wenig begeisterten.

Reichtum muss Menschen nicht voneinander trennen. Das folgende Beispiel, ein Quartier am Erfolg und damit auch am Vermögen einer Unternehmerfamilie emotional teilhaben zu lassen, geht viele Jahrzehnte zurück. Der Vater von Lukas Fischer* war der Erste, der im Quartier ein Auto besass und dadurch natürlich auffiel. Anstatt sich damit zu brüsten, organisierte er mit dem Chrysler Sonntagsausfahrten übers Land und achtete darauf, dass viele Kinder des Quartiers in den Genuss kamen, mitzufahren. Es ist gut vorstellbar, dass dank eines solchen Teilhaben-Lassens Neid gar nicht erst entsteht. In diesem Sinn sollte für jeden, der mehr als genug hat, gelten: Baue einen längeren Tisch, um andere einzuladen, nicht höhere Mauern, um sie fernzuhalten.

Das Materielle zu maximieren, mag auf dem Papier ein voller Erfolg sein. Viele unserer Gesprächspartner legen jedoch Wert auf Verzicht als Werteinstellung. Sie fühlen sich nicht verpflichtet, im Wettbewerb um immer teurere Statussymbole mitzumachen. Bescheidenheit muss man sich leisten können, so scheint es. Im Wissen, dass es möglich wäre, all das zu haben, was der Nachbar auch hat, befriedigt sie der Verzicht mehr als der Besitz. Am Schluss taucht immer wieder die gleiche Frage auf: Welche materiellen Werte braucht es, um glücklich zu sein?

Wie schnell man sich an den Aufstieg gewöhnt, erfährt einer der Verfasser, als er sich dank Bonusmeilen mit seiner Familie auf dem Hinweg eines Langstreckenflugs Businessclass leistet. Für die Töchter, acht und zehn Jahre alt, ist die zehnstündige Reise an Bord der 747 ein Ereignis. Sie finden schnell heraus, wie das Unterhaltungsprogramm funktioniert, probieren alle möglichen Positionen des stufenlos verstellbaren Sitzes aus und studieren die Menukarte. Als die Familie ankommt, dröhnt den Kindern der Kopf von den pausenlos konsumierten Filmen und ihr Magen macht Kapriolen. Natürlich haben sie keine Stunde geschlafen, aber es war ein Hit.

Der Rückflug verläuft anders. Als die vier das Flugzeug besteigen und wie früher an der Businessclass vorbeilaufen müssen, sieht der Vater, wie sich die Schultern seiner jüngeren Tochter verkrampfen. Sie entspannen sich auch nicht, als er ihr sagt, dass sie bitte auf 47B in der Economyclass Platz nehmen soll. Als sie den engen Platz und den kleinen Bildschirm sieht, dreht sie sich um und sagt, dass sie sich hier nicht hinsetzen werde.

Nach einer kurzen, heftigen Diskussion nimmt sie schweigend Platz. Erst als die Flughöhe schon lange erreicht ist, spricht sie wieder mit dem Vater. Er hat mittlerweile begriffen: Es war nicht die Schuld seiner Tochter, einem VIP-Denken aufzusitzen. Ihr Verhalten ist verständlich, konnte er ihr doch nicht darlegen, warum die Familie auf dem Hinflug Businessclass geflogen ist und was es heisst, eine Flugreise für vier Personen zu bezahlen.

DIE WAHL DES WEGS

Ein drittes Merkmal tritt beim Abnabelungsprozess der jungen Generation von den Eltern zutage. Die Nachkommen erwerben Vermögen verbunden mit Erwartungen. Wie sie mit den eigenen und den Ansprüchen der Familie umgehen, diese Frage stellt sich noch deutlicher, wenn Geld im Spiel ist. Die Nachkommen stehen gleichsam an einer Kreuzung mit drei Wegweisern:

Der Weg zur Autonomie

Dieser Weg hat keine Spuren, ist steinig, steil und dem Wetter ausgesetzt. Der *Autonome* hat für sich selbst zu sorgen und erkundet seine Umwelt selbst. Er muss die, die er nach dem Weg fragen kann, erst noch finden. Gefahren lauern auf ihn, das Terrain ist unberührt und niemand hilft ihm, seinen Rucksack zu tragen. Der Autonome ist frei, sich aus eigener Kraft und eigenem Willen in die von ihm gewünschte Richtung zu bewegen. Der Weg in die Autonomie bietet Wahlfreiheit, aber auch die Gefahr, sich zu verlaufen.

Manche Nachkommen wählen bewusst diesen Weg, um sich zu beweisen. Es erscheint ihnen zu einfach, Geld und Einfluss der Familie zu nutzen, um Karriere zu machen. Sie suchen sich darum ein Feld, wo Geld keinen Vorteil bringt, sondern Talent und Affinität zählt: In der Wissenschaft, in der Kunst oder in den freien Berufen. Die Eltern des Autonomen gehen unterschiedlich mit dieser Wahl um: Einige machen sich Sorgen oder sind frustriert, weil sie keine Kontrolle über den Lebensentwurf ausüben können. Andere hingegen trauen den Kindern zu, ihren eigenen Weg zu gehen, und fiebern bei deren Erfolgen und Rückschlägen mit. Elitäre Eltern sind enttäuscht, wenn ein Kind einen Beruf mit wenig sozialem Prestige wählt. Geben ihm die Eltern die gleiche Anerkennung oder Zuneigung wie seinem Geschwister, das mit akademischen Weihen Karriere macht? Oft hören Kinder Eltern sagen: «Mach das, was dich glücklich macht.» Ist das wirklich so oder manchmal einfach ein Lippenbekenntnis?

Tobias Schneider*, Nachkomme einer traditionsreichen Familie, brauchte Zeit, um zu akzeptieren, dass sein Sohn einen anderen Ausbildungsweg wählte, als er sich vorstellte. Je mehr Schneider* jedoch versuchte, Einfluss zu nehmen, desto stärker distanzierte sich sein Sohn von diesen Vorstellungen. Schneider* wurde bewusst, dass er sich zurücknehmen musste. Heute sagt er: «Sollte ein weiteres meiner Kinder einen anderen Weg wählen, als in unserer Familie üblich, kann ich das heute besser akzeptieren als früher. Ich erwarte dann aber auch, dass der Lebensstandard dem Verdienst entspricht. Ich habe keine Lust, weiterhin der Ernährer für meine erwachsenen Kinder zu sein.»

Der Autonome muss also bereit sein, wenn das Wetter umschlägt. Sorgt er bei Schwierigkeiten immer noch für sich selbst oder bettelt er bei den Eltern? Und werden diese ihm aus der Patsche helfen, weil sie das schon immer getan haben?

Arno Wittwer*, ein Unternehmer in erster Generation, hält es für einen seiner grössten Fehler als Vater, dass er seiner Tochter während des Studiums ein Praktikum im Ausland finanziert habe. Stattdessen hätte er sie in ihrer unstetesten Phase des Lebens stranden lassen müssen, sagt er. Das wäre für ihn emotional aber zu schwierig gewesen. Nur dank seiner finanziellen Unterstützung habe sie dann das Studium abgeschlossen.

Der Familienpfad

Auf dem zweiten Wegweiser steht «Familienpfad». Dieser Weg ist gut vorgespurt. Bevor sich der *Familienpfader* auf den Weg macht, bekommt er vieles mit, was er brauchen wird. Er folgt den Ratschlägen, weiss dadurch auch, wo die guten Jagdgründe zu finden sind und wo Gefahren lauern. Ab und zu probiert er eine neue Route aus und bespricht die gemachte Erfahrung mit anderen Weggenossen. Je länger er diesen Weg geht, desto weiter entfernt er sich von der Abzweigung, die in die Autonomie führt. Er geht mit dem guten Namen seiner Vorfahren voran und versucht, noch besser zu machen, was bereits gut ist. Die Vorfahren sehen im Familienpfader einen der Ihren. Die Solidarität untereinander ist hoch, man sorgt füreinander. Die Wahlfreiheit mag eingeschränkt sein, aber das familiäre Sicherheitsnetz hält. Der Familienzusammenhalt wird auch durch die berufliche Tätigkeit gefestigt. Die Herausforderung für den Familienpfader liegt darin, Tradition und Innovation zu verbinden.

Michael Vogt* ist seinem Vater, dem Gründer des Familienunternehmens, gefolgt. Er hat früh Verantwortung übernommen. Seine zwei Kinder haben nach dem Gymnasium ein paar Monate im Schichtbetrieb des Unternehmens gearbeitet. Der Grossvater ist ihnen ein Vorbild – sie haben grossen Respekt vor ihm. Mittlerweile studieren beide. Später sollen sie für ein paar Jahre Erfahrungen ausserhalb des Familienunternehmens sammeln. «Die Nachkommen müssen sich für die Firma qualifizieren. Ich akzeptiere auch, wenn sie Künstler werden wollen. Dann sollen sie das machen. Es würde mich jedoch persönlich treffen, wenn sie den Weg in die Firma nicht finden würden.»

Tobias Schneider* entschied sich für den gleichen Beruf wie sein Vater und engagierte sich mit der Zeit auch in verschiedenen Verwaltungsräten, in Kunst und Kultur sowie für ehrenamtliche Tätigkeiten, die in der Tradition und Verpflichtung der Familie standen. Der Lebensstandard habe sich in der Vergangenheit von Generation zu Generation erhöht. «Es ist gut möglich, dass bereits meine Kinder oder später die Enkelkinder nicht mehr dasselbe Vermögen werden erben können, wie ich es getan habe», sagt Schneider*. In einer über Generationen wachsenden Familie verteilt sich ein Vermögen auf immer mehr Erben. Sofern es der nachkommenden Generation nicht gelingt, neues Vermögen zu schaffen, wird der zu verteilende Kuchen immer kleiner.

Der Weg des Oblomow

Der Name des dritten Wegs stammt vom gleichnamigen Roman von Iwan Gontscharow. Der Titelheld, Ilja Iljitsch Oblomow, findet aufgrund des Vermögens und des Stands seiner Familie keinen Anreiz, zu arbeiten oder für irgendetwas Verantwortung zu übernehmen.

Der Erbe, der den Weg Oblomows geht, verfällt trotz der guten Ausrüstung, des vorzüglichen Reiseproviants und der exzellenten Ausschilderung des Weges immer wieder in Lethargie. Der Mittagsschlaf ist wichtiger als der zurückgelegte Weg. Er jagt nicht, sondern geniesst, was aufgetischt wird. Vielfach geht er einen eingeschlagenen Weg nicht bis zum Ende. Die grosse Auswahl, die er hat, lähmt ihn. Es fällt ihm schwer, zu finden, was am besten zu ihm passt. Oblomow hat Freunde, die eine Weile mit ihm gehen, von seinen reichlichen Vorräten zehren und, einmal gesättigt, verschwinden und erst wieder auftauchen, wenn sie Hunger haben. Er ist überall gern gesehen, aber nirgendwo gebraucht. Viele seiner Ziele sind kurzfristiger Natur. Auf diesem Weg wird nichts Neues geschaffen. Der Oblomow verbraucht Mittel, die für ihn von anderen bereitgestellt werden. Dieser Weg mag von aussen paradiesisch und beschwerdefrei aussehen. Dabei geht vergessen, dass mit zunehmendem Alter die Abhängigkeit zunimmt und das Vermögen schrumpft. Er kann sein Leben nicht mehr gestalten. Irgendwann hat ihn auch die Familie aufgegeben.

Wie geht die Geschichte des Oblomow bei Gontscharow aus? Nachdem auch die Beziehung zu einer Frau an seiner Lethargie scheitert und er von Bekannten betrogen wird, muss er sein Leben den neuen Umständen anpassen. Er versucht nochmals, sich um die Verwaltung des väterlichen Guts zu kümmern, was ihm aber nicht gelingt. Er heiratet eine Frau, die gut kochen kann, bekommt einen Sohn und erleidet schliesslich, beim Nichtstun, einen Schlaganfall.

Jakob Teuscher*, der Jüngste von drei Kindern, wird von seinen Eltern vergöttert und verwöhnt. Wegen des grossen Altersunterschieds zu seinen Geschwistern wächst er als Einzelkind in einer grossen Villa auf. Nach dem Besuch der Grundschule bricht er alle weiteren Fortbildungen ab. Als junger Erwachsener erhält er erste Ausschüttungen aus dem Familienvermögen und investiert einen guten Teil davon in Immobilien zur Eigennutzung. Er interessiert sich für Kunst und Oldtimer, in die er weitere Vorbezüge investiert, und beginnt mit ihnen zu handeln – bis er das Interesse daran verliert. Er heiratet, hat Kinder und pendelt mit seiner Familie von Ort zu Ort. Seine Nachkommen werden privat unterrichtet. Später werfen ihm seine Geschwister vor, dass er die Familie mit Vorbezügen hintergangen habe. Ein jahrelanger Gerichtsprozess beginnt. Teuscher* geht keiner dauerhaften Beschäftigung nach und ist gesundheitlich angeschlagen.

Die drei Wege in ein selbstbestimmtes Leben, entlang des Familienpfads oder in eine unproduktive Genusswelt sind nicht immer ganz klar zu unterscheiden. Im jungen Erwachsenenalter werden persönliche Interessen und Stärken schliesslich erst entdeckt.

Für Kurt Schenker* war früh klar, welchen Weg er wählen würde: «In meinen Zwanzigern wollte ich frei sein. Ich wusste, dass sich mein Selbstwertgefühl nur entwickeln kann, wenn ich auf eigenen Beinen stehe, ohne Hilfe und Einfluss meiner Familie.» Diese Entscheidung galt jedoch nicht für sein ganzes Leben. Nach seinem Weg in die Autonomie interessierte er sich als Familienvater später doch noch für den *Familienpfad*. Mittlerweile hat er Verantwortung in der Verwaltung des Vermögens und eine Mehrheitsbeteiligung an einer Firma übernommen. Auch wenn er über mehr Geld verfügen kann als vorher, verändert das seine Lebensweise und die seiner Familie nicht. «Wenn man in einer funktionalen und harmonischen Familie aufwächst und sein eigenes Leben lebt, sollte man auch mit einer Erbschaftssteuer von 100 Prozent leben können», sagt Schenker*.

Manchmal sind es auch die Eltern, die ihren Nachkommen nahelegen, den eigenen Weg zu gehen und in verschiedenen Unternehmen Erfahrungen zu sammeln. Dies halten auch Industrielle für sinnvoll, die sich wünschen, dass ihre Nachkommen später einmal ins Familienunternehmen eintreten. Und manchmal spielt auch der Zufall mit, wie folgende Geschichte zeigt:

Der Weg von Barbara Sutter* führt sie nach einer juristischen Ausbildung und einem langjährigen Auslandsaufenthalt wieder zurück in die Schweiz, wo sie eine verantwortungsvolle Stelle ausserhalb der Familienfirma übernehmen will. Ihr Vater hat sie nicht für die Nachfolge vorgesehen. Das ändert, als sie mit über 30 Jahren dann doch in die Firma eintritt und mit Erfolg einen neuen Markt aufbaut. Nach einiger Zeit realisiert Sutter*, dass sie die gesamte Firma führen will und auch die notwendigen Fähigkeiten dazu hat. Alles oder nichts, sagt sie sich: Sie stellt die Familie vor die Wahl, dass sie entweder die Geschäftsleitung übernimmt oder aus dem Betrieb austreten wird. Klarheit zu schaffen, hat sich gelohnt. Sie führt die Firma heute in vierter Generation, was früher gar nie zur Diskussion stand. Sutter* wäre wohl auch ausserhalb des Familienunternehmens glücklich geworden. Weil sie sich eigenständig bewährt hat, konnte sie zum richtigen Zeitpunkt mit Bestimmtheit vor der Familie auftreten.

Es ist eine Herausforderung, sich beruflich von der Familie zu lösen, ohne dass man sich dadurch die Option verbaut, später doch noch den Familienpfad zu beschreiten. Der Entscheid ist dann aber vielleicht besser abgestützt, als wenn man schon von Anfang an den Familienpfad beschreitet.

Der Sohn einer vermögenden Familie ist in seinen jungen Jahren lange antriebs- und lustlos, bis er das Fliegen für sich entdeckt. Er will Pilot werden und ordnet diesem Ziel alles unter, bis er es endlich erreicht. So findet er eine Beschäftigung, die ihn erfüllt, baut sich eine eigene Existenz auf und gewinnt Freunde ausserhalb des Einflussbereichs seiner Familie. Er hat sich von ihr emanzipiert und ist nicht auf das Vermögen angewiesen, um sein Leben so zu leben, wie er sich das vorstellt. Seine Berufswahl bedeutet jedoch nicht, dass er mit seiner Familie bricht, sondern mit der Person, die er vorher war, dem ziellosen Sohn einer vermögenden Familie auf der Suche nach seiner Identität.

Vermögende Familien sollten den Nachkommen ermöglichen, ihren eigenen Weg zu gehen, ohne sich emotional von ihnen lossagen zu müssen. Den eigenen Weg zu gehen heisst, sich ausserhalb der Familie zu bewähren und mit dem Einkommen zu leben, das man selbst verdient.

Hilfreich für diese Eigenständigkeit ist, wenn die Eltern ihre Nachkommen trotz ihrer privilegierten Situation in einigermassen normalen Verhältnissen aufwachsen lassen. So wird der Schritt ins neue Leben nicht zu einem gefühlten Abstieg. Sträuben sich die Eltern aber dagegen oder bauen sogar Hindernisse auf, weil sie selbst nicht loslassen können, leidet zwangsläufig die Beziehung darunter.

Die Eltern dürfen durchaus darauf vertrauen, dass ihre Nachkommen selbst für sich sorgen können. In dieser so wichtigen Phase können sich die Nachkommen nicht nur selbst entfalten, sondern erhalten Anerkennung, die nicht *stammbaumbezogen* ist. So entsteht in den meisten Fällen Unabhängigkeit oder eben Autonomie und mit ihr kommt das Selbstvertrauen, es auch ohne Eltern geschafft zu haben. Es ist bezeichnend, dass gerade unabhängige Nachkommen zu einem späteren Zeitpunkt dann doch noch Verantwortung im Familienunternehmen oder für das Familienvermögen übernehmen und das sehr erfolgreich tun.

2 NACHDENKEN ÜBER WERTE

«In einer Wohlstands-
gesellschaft dient materieller
Besitz dazu, immateriellen
Besitz zu mehren.»

Wolfgang Ullrich: Wahre Meisterwerte. Stilkritik einer neuen Bekenntniskultur,
Verlag Klaus Wagenbach, Berlin 2017, S. 52

EIN VERMÄCHTNIS DER ANDEREN ART

Ein älterer Chef einer grossen Vermögensverwaltungsfirma, der sich tagaus, tagein mit Geld beschäftigt, hat auf die Frage, welche Werte er seinen Kindern vermitteln will, geantwortet, er habe sich das noch nie überlegt. Das wollen wir ändern.

Wertvorstellungen sind als Leitlinien etwas Positives. Sie scheinen oft so offensichtlich, dass wir sie nicht zu artikulieren brauchen. Noch häufiger sind sie uns aber gar nicht bewusst, was ein Gespräch über sie erschwert. Wie die Praxis zeigt, besteht gerade in Familien keine Klarheit darüber, für welche Werte die anderen einstehen. Bei offen geführten Wertediskussionen kommt es nicht selten zu Überraschungen: Man realisiert, dass die Werte, die den einzelnen Personen wichtig sind, sich erheblich voneinander unterscheiden.

Ein Test, der sich einfach im eigenen Arbeitsumfeld durchführen lässt, beginnt mit einer Reihe von Fotos, die verschiedene erfolgreiche Sportler zeigen. Welches würde am besten die Firma symbolisieren? Eine Fechterin, ein Boxer oder vielleicht doch ein Bergsteiger, der den Gipfel erklimmt? Möglicherweise einigt man sich schnell auf den Gipfelstürmer – aber plötzlich kritisiert dann ein Arbeitskollege, dass dieser Sport doch ein enormes Risiko in sich trage, während man in der Firma nicht sehr risikobereit sei. Ein anderer widerspricht in diesem Punkt, nennt ein Beispiel eines riskanten Projekts in seiner Abteilung und schon ist man mitten in einer grösseren und hoffentlich erhellenden Debatte.

Ähnlich ist die Situation in Familien, wo die Verbundenheit noch enger ist. Weiss wirklich jeder vom anderen, was er über Risiko, Sicherheit, Innovation, Tradition, Leadership, Gemeinschaftssinn, Verantwortlichkeit, Vergnügen, Eigenständigkeit, Verbundenheit, Religion und Spiritualität denkt? Die Liste liesse sich fortsetzen, aber schon aus dieser Auswahl lässt sich ablesen, dass die Wichtigkeit, die man einzelnen Werten zuschreibt, im Familienverbund nicht bei allen dieselbe sein wird. Indem man sich verdeutlicht, was für einen selbst und die anderen zählt, steckt man den Rahmen der Familienwerte ab. Wenn das getan ist, steigt man mit klareren Vorstellungen wieder in den Alltag, um seine eigenen Werte zu verteidigen und die anderen zu respektieren.

Wir haben in unseren Gesprächen viele Beispiele gehört, die illustrieren, welche Werte hierzulande im Umgang mit einer finanziell privilegierten Situation offensichtlich einen hohen Stellenwert haben: Bescheidenheit, Arbeitsethik, Freiheit, Sicherheit, Verantwortlichkeit und Integrität. Die Aufzählung überrascht nicht, ebenso wenig die Tatsache, dass in der Schweiz Diskretion über Offenheit triumphiert. Personen, die das Vergnügen in den Vordergrund stellen, haben wir nicht angetroffen, sie waren wohl gerade irgendwo in der Wärme am Feiern.

Wie und wofür man Geld einsetzt, wird auch von den Eltern und vom Umfeld geprägt. Viele der Vermögenden im besten Alter sind Kinder von Eltern der Kriegs- oder Nachkriegsgeneration. Diese Generation spürte einen Mangel an allen Dingen, wie wir ihn heute nicht mehr kennen. Das hat sie unweigerlich beeinflusst. Sie war und ist jeglicher Form von Verschwendung von Ressourcen abgeneigt. Dieses Vorbild spiegelt sich auch in der heutigen Generation von Vermögenden, die vor allem Bescheidenheit und Arbeitsethik betonen.

Die Einstellung zu Geld und Reichtum vermittelt man seinen Nachkommen auch unbewusst, indem man sie vorlebt. Welche Sätze hat man früher selbst zu hören bekommen? «Erzähle niemals jemandem davon, dass wir vermögend sind.» «Spare in der Zeit, dann hast du in der Not.» «Unser Geld ist das Resultat harter Arbeit.» Und welche Sätze sagt man selbst?

Die Grundeinstellung zu Geld wird aber vor allem durch Handlungen vermittelt. Sie zeigt sich darin, was man sich gerne leistet, was man seinen Nachkommen kauft und welche Wünsche man ihnen und sich selbst verwehrt. Ein kurioses Beispiel ist ein Teenager in Zürich, der Taschengeld bekommt, um sich einzukleiden. Die Mutter schreibt der Tochter vor, nirgendwo anders Kleider zu kaufen als in einer bekannten Luxusboutique. Was nach dem Verständnis der Mutter standesgemäss ist, bestimmt so den Konsum, obgleich die Tochter viel lieber in einer günstigen jugendlichen Modekette einkaufen würde.

Ein weiteres Beispiel ist Maurice Steiner*, der mit dem Chauffeur in die Schule gefahren wird. Obwohl das für ihn normal ist, stört ihn vor allem, dass er nach der Schule im Winter mit den anderen Kindern nicht schlitteln kann, weil der Chauffeur schon auf ihn wartet. In beiden Beispielen wird deutlich, wie sich der Lebensstil der Eltern auf das Kind überträgt und dadurch das Gemeinschaftsgefühl mit anderen Kindern aus Durchschnittsfamilien verloren gehen kann. Geld erlaubt, sich sozial zu differenzieren und sichtbar von anderen abzuheben, die sich teure Kleider und Autos, geschweige denn einen Chauffeur, nicht leisten können. Mit dieser Abgrenzung isoliert man sich aber auch.

Es ist hilfreich, sich zu fragen, was die eigenen Eltern vorgelebt haben und wie stark man durch dieses Vorbild geprägt wurde. War Geld ein Streitthema in der Familie? Oder wurde es wenig thematisiert? Wie war die Rollenverteilung? Lebt man heute deutlich luxuriöser oder nach einem vergleichbaren Standard wie die Eltern? Auf was musste man früher verzichten? Sieht man das jetzt, mit einigem Abstand, als schlimm an, lacht man darüber oder macht man es mit den eigenen Nachkommen genau gleich? Sich darüber klar zu werden, welche Einstellung man zu Geld hat, und zwar so, dass man das auch formulieren und weitergeben kann, ist gar nicht so unproblematisch.

Vermögen ist nicht selbsterklärend. Man sammelt in seinem Leben Einsichten dazu – beispielsweise, was man dank dieses Vermögens erreichen konnte – und sollte diese auch explizit weitergeben. Marc Nufer, Nachkomme einer Unternehmerfamilie und Anwalt bei Eversheds Sutherland in Bern, formuliert es so: «Man muss das Vermögen mit Perspektiven verbinden. Für mich ist es ein Mittel, um interessante Projekte zu verfolgen.»

BESCHEIDENHEIT

In Familien, die schon lange reich sind, ist die Einstellung zum Geld deutlich abgeklärter als in solchen, die erst vor kurzem zu Wohlstand gekommen sind. Man merkt bei den Mitgliedern solcher Familien, dass schon mehrere Generationen Zeit hatten, über die Verbindung von Moral und Geld nachzudenken. Das fördert durchaus auch paradox klingende Erkenntnisse zutage: So sagt ein Unternehmer einer traditionsreichen Familienfirma, Vermögen erlaube, den Verzicht zu geniessen. Er habe Geld genug, um nicht mehr auf der ewigen Jagd nach noch mehr Dingen zu sein. Er sieht den Konsum als Last an, die ihn nicht zur Geldvermehrung antreibt. Auch er bekam als Jugendlicher nicht einfach alles, was er sich wünschte, aber es fehlte ihm auch nie an grundlegenden Dingen. Darin sieht er den grossen Unterschied zwischen altem Geld und Neureichen, die keinen Raster haben, um ihr Verhalten zu orientieren. Wenn man in Armut aufgewachsen sei und der Verzicht wehgetan habe, dann sei es offensichtlich, dass man sich nicht zurücknehmen könne, wenn einem dank eines Vermögens plötzlich sehr viele Möglichkeiten offenstehen.

Es sei kein Wunder, dass es in der Schweiz so viele grosse Nachlässe gebe, sagt Rechtsanwalt René Strazzer, Fachanwalt Erbrecht in Zürich. Der Wille, das Geld zusammenzuhalten, es nicht über Gebühr anzutasten und deswegen auch mit einigem Vermögen noch sehr sparsam zu leben, sei insbesondere bei der Nachkriegsgeneration und damit bei der heutigen Erblassergeneration weit verbreitet. Diese Einstellung sei auch an die Vorstellung gekoppelt, dass die nächste Generation die gleiche Haltung haben und zum Vermögen Sorge tragen werde, sagt er. Daran sei nichts falsch; trotzdem rät er seinen Kunden, das Leben auch einmal zu geniessen. Übertriebener Geiz sei auch keine gesunde Einstellung: «Fliegen Sie Firstclass, denn ihre Erben werden es tun», lautet ein sarkastischer Werbespruch.

Sparsamkeit beziehungsweise der vorsichtige Umgang mit Ressourcen ist eine Tugend, die bei vielen Unternehmern verbreitet ist. Sie ist Ausdruck des Bewusstseins, dass sich die Geschäftslage schnell ändern kann. Häufig wird auch sehr viel Kapital in das Unternehmen investiert, sodass die verhältnismässig geringen verfügbaren Mittel Ausgabendisziplin erfordern. Es ist aber auch noch mehr als das. Ein Unternehmer, der täglich in engem Kontakt mit seinen Arbeitern steht, erklärt, dass er sich nicht durch teure Kleider oder Autos von ihnen abheben will. Es ist ihm wichtig, den direkten Austausch mit ihnen zu pflegen, und er hätte Hemmungen, durch seinen Konsum aufzufallen. Ein anderer Unternehmer, der ebenfalls nicht auffallen will, sagt, das sei auch darum nicht nötig, weil in der kleineren Stadt, in der er wohnt, sowieso jeder jeden kenne. Die Anonymität der Grossstadt verleite die Menschen eher dazu, zu zeigen, was sie haben.

Sparsamkeit kann auch das Resultat der Einsicht sein, dass viele Dinge ihrem Eigentümer mehr Ärger bereiten, als man denkt. Eine Person sagt, dass sie nie ein Ferienhaus kaufen würde, nachdem sie bei Bekannten gesehen habe, wie viel Zeit, Geld und Energie Villen in fernen Ländern verschlingen. Stress mit den Nachbarn, sündhaft teurer Unterhalt, richtiggehende Traumata nach Einbrüchen, all das habe ihr gezeigt, was es bedeute, einen Betonklotz am Bein zu haben, wie sie sagt: «Man wird zum Knecht seines Besitzes.»

Manche schildern, wie schwer es manchmal fällt, einfach zu leben, auch wenn es erstrebenswert scheint. Der soziale Druck ist in bestimmten Gegenden sehr hoch, man verspürt dort eine richtiggehende Pflicht, zu repräsentieren. Wer hat einen Pool und wer nicht, wessen Vater ist CEO und wessen nicht, wer trägt die richtigen Designerkleider und wer nicht? Diese Fragen beschäftigen schon Schulkinder, die gerade erst lernen, sich ausserhalb der Familie in einem gesellschaftlichen Rahmen zu bewegen. In Gesellschaften spielen unweigerlich soziale Vergleichsprozesse. Diese wiederum sind massgeblich an der Prägung des eigenen Selbstwertgefühls mitbeteiligt, und so lernen Kinder früh, was in einer Gesellschaft als wertvoll gilt. Kindergeburtstage mutieren dann zu einem Wettrüsten, wer wie viel für ein Fest ausgeben kann.

Bescheidenheit ist aber nicht nur in materiellen Dingen eine Tugend. Wenn man viel Geld verdiene, so habe das auch Einfluss auf das Ego, sagt David Egli*. Man erliege der Tendenz, Erfolge allein sich selbst zuzuschreiben, ein fundamentaler Attributionsfehler. Und damit sei man von der Arroganz nicht mehr weit entfernt.

ARBEITSETHIK

Leistungsbereitschaft zählt in der Schweiz viel. Darum ist es auch nicht erstaunlich, dass fast jeder, den man fragt, seinen Nachkommen eine gesunde Arbeitsethik vermitteln will. Faulheit gilt als verpönt. Wer von Vermögenserträgen lebt, ohne irgendeiner sinnvollen Beschäftigung nachzugehen, gilt als Nichtsnutz. Darüber scheint hierzulande Konsens zu bestehen. Eigentlich erstaunlich, aber offensichtlich eine Folge des sozialen Drucks, der protestantischen Ethik entsprechend ein produktives Leben zu führen.

Man ist in der Schweiz sogar stolz darauf, sich mit seiner Arbeits-

ethik von vermögenden Schichten in anderen Ländern abzuheben. Das
zeigt die Anekdote einer Familie, die im Ausland Farmland gekauft hat
und das Anwesen regelmässig mit den erwachsenen Kindern besucht.
Die lokalen Angestellten seien zunächst verdutzt gewesen, als die Nachkommen bei der Arbeit mit angepackt und sich selbst die Hände
schmutzig gemacht hätten, erzählt die Mutter. Wer reich sei, fahre dort
nur im Jeep herum und erteile Befehle. Kulturelle Unterschiede führen
offensichtlich dazu, dass Vermögen Befreiung von (manueller) Arbeit
bedeutet.

An negativen Beispielen mangelt es jedenfalls nicht. «Das Geld hat
ihm nicht gutgetan», sagt Lukas Fischer* über den Sohn eines Unternehmers, der am selben Ort wie er aufgewachsen ist. Zeit seines Lebens
sei er nie einer Arbeit nachgegangen, sondern nur als Playboy bekannt
gewesen. Indem er sein teures Auto überall abstellte, wo es ihm passte,
auch wenn ihm das horrende Parkbussen einbrachte, habe er deutlich
signalisiert, dass die Regeln der Gesellschaft für ihn nicht gelten. Die
Geschichte endete mit dem Konkurs des Unternehmens.

Als Mittel dagegen, dass seine Kinder in ein ungesundes Luxus- und
Partyleben abschweifen, sagt ein Geschäftsmann, sei eine Forderungs-
kultur nötig. Man müsse seinen Kindern schon früh zeigen, dass das
Leben hart sei und einem nicht alles geschenkt werde. Das sei aber gar
nicht so schlimm, wie es zuerst klinge. Denn er sehe, dass bei Jugendlichen generell eine hohe Leistungsbereitschaft vorhanden sei, wenn
man sie nicht abstumpfen lasse.

Kompetent zu sein, ob als Angestellter, in einem freien Beruf oder als
Unternehmer, heisst auch, einen Teil seines Lebensinhalts aus der Arbeit zu beziehen. Man geniesst dank seiner Fähigkeiten Anerkennung.
Früher war es den höheren sozialen Schichten vorbehalten, ihre Zeit
mit unproduktiver Tätigkeit zu füllen – alle anderen waren gezwungen,
zu arbeiten, um zu überleben. Heute gilt, zumindest in der Schweiz,
Reichtum nicht als Einladung zu einem Leben in Musse. Viele, wenn
nicht die Mehrheit der Menschen, die es sich aufgrund ihres Vermögens
leisten könnten, in den Tag hinein zu leben, arbeiten paradoxerweise
sehr viel, weil sie gerne arbeiten und sie diese Arbeit mit Sinn erfüllt.
«Ich bin an meinem Geschäft interessiert, nicht am Geld», sagt einer
dazu.

Wichtig ist, so weit sind sich die meisten Menschen einig, im Leben eine Aufgabe zu finden, die einen erfüllt. Sinnhaftes Tun heisst nicht zwingend einen Beruf ausüben, sondern es kann auch etwas anderes sein, das man mit Hingabe macht und das einen gesellschaftlichen Nutzen hat. Es ist wenig erstaunlich, dass gerade Unternehmer, deren Fokus auf dem Aspekt des Aufbaus liegt, die blosse Verwaltung des Vermögens nicht sehr hochschätzen. «Man muss etwas erschaffen und weniger an der Börse spekulieren», sagt einer stellvertretend für viele.

OFFENHEIT

Offenheit und Transparenz sind Werte, die heutzutage überall gerne eingefordert werden, die aber im Widerspruch zur hierzulande traditionell gepflegten Diskretion stehen. Innerhalb einer Familie ist Offenheit eine wichtige Grundbedingung für einen erfolgreichen Vermögensübergang, um unbewusste Werthaltungen an den Tag zu fördern und feststellen zu können, ob und wie die Prioritäten der einzelnen Mitglieder voneinander abweichen. Der Prozess der Family Governance kann helfen, sie offenzulegen. Gegenüber der Aussenwelt herrscht aber nur eine selektive Offenheit. Recht viele unserer Gesprächspartner, deren Lebensführung sich in keiner Weise vom Schweizer Mittelstand abhebt, gehen der Vermögensfrage in der Öffentlichkeit aus dem Weg. Sie sind überzeugt, dass ihnen das in den Kreisen, in denen sie verkehren, zum Nachteil gereichen würde. «Das Kapital» gilt mancherorts als Feindbild.

Geld mache eben auch interessant, sagt jemand anders, was ein Grund dafür ist, dass Reiche gerne unter sich bleiben. Wenn nämlich jemand öffentlich als vermögend bekannt sei, dann gebe es immer viele, die sich gerne damit schmücken, eine solche Person zu kennen: «Wo viel Geld ist, sind auch viele Fliegen», sagt Marc Nufer. Vermögende werden oft von Bank- und anderen Beratern, die einen als Kunden gewinnen wollen, oder von «Freunden», die Geld für irgendein Projekt brauchen, angegangen. Offenheit gegen aussen macht darum dem Selbstschutz Platz. Das ist verständlich, darf unserer Meinung nach aber nicht zu einer völligen Abkapselung führen gegenüber denen, die nicht vermögend sind. Wäre es nicht traurig, wenn jemand seine Kinder ermahnen würde, sie dürften nicht mit anderen spielen, weil diese «arm» seien?

FREIHEIT UND SICHERHEIT

Mit einem Vermögen im Rücken ist es einfacher, sein Leben frei zu gestalten. Geld zu besitzen, heisst Möglichkeiten zu haben. Es erleichtert die Selbstverwirklichung, garantiert sie aber nicht, weil es von sich aus noch keinen Antrieb darstellt, im Leben etwas erreichen zu wollen. Die Freiheit, zu tun und zu lassen, was man will, besitzt man aber auch deshalb nicht absolut, weil Vermögen mit Erwartungen übergeben wird.

Um ein plakatives Beispiel zu brauchen: Sollte der Nachkomme einer alteingesessenen Familie sich entschliessen, statt einem sinnvollen Erwerb nachzugehen, sich doch lieber mit einer Yogalehrerin in warmen Gefilden selbst zu verwirklichen, ist es eher unwahrscheinlich, dass die Eltern ihrem Sohn diese Auszeit finanzieren. Ein Familienvermögen ist oft an unausgesprochene Auflagen und Erwartungen geknüpft.

Vielleicht geht es genau darum, dem Sohn diese Eskapade weder zu verbieten noch sie finanziell zu ermöglichen. Der Sohn eines bekannten Anwalts macht zur Gram seines Vaters mit 16 Jahren eine Kellnerlehre. Als er nach der Ausbildung den Beruf ausübt, stellt er fest, dass er darin seine Erfüllung nicht finden wird. Er schlägt freiwillig und mit innerer Überzeugung den Weg ein, den sich sein Vater von Beginn weg – wohl zu sehr – gewünscht hat.

Rechtsanwalt Strazzer ist oft mit Vorbehalten seiner vermögenden Klienten konfrontiert, etwa wenn der Schwiegersohn oder die Schwiegertochter aus dem Ausland stammt oder keinen «rechten» Beruf ausübt. Die Menschen seien tendenziell bestrebt, ihr Vermögen in der Familie zu sichern. Die verbreitete Ansicht, dass einmal geschaffene Vermögenswerte zwingend über Generationen zu erhalten sind, sorgen für Skepsis gegenüber Menschen mit alternativen Lebensentwürfen.

Unter der Freiheit, die Vermögen verleiht, wird also nicht eine absolute Freiheit verstanden, seinen eigenen Weg zu gehen, sondern lediglich eine Handlungsfreiheit in einem bestimmten gesellschaftlichen Rahmen. Um diese Beweglichkeit zu wahren, müssen Vermögen und

Ansprüche ausserdem in einem gesunden Verhältnis zueinanderstehen. «Man muss in der Lage sein, sein Einkommen von heute auf morgen halbieren zu können, sonst hat man ein Freiheitsproblem», sagt Roland Fuchs*.

Die Wahlfreiheit bringt aber auch ihre eigenen Herausforderungen mit sich. Verschiedene Optionen in der Gestaltung seines Lebens zu haben, gilt grundsätzlich als positiv. Das kann aber auch zu einer Belastung werden für Menschen, die immerzu versucht sind, die allerbeste Auswahl zu treffen, und sich sorgen, sie könnten eine noch bessere Option übersehen haben. Zu viele Wahlmöglichkeiten können paralysierend wirken, wie Barry Schwartz im Buch *The Paradox of Choice* aufzeigt.

Freiheit wird oft auch im selben Atemzug mit Sicherheit genannt. Beide Aspekte verstärken sich gegenseitig. Man geniesst Wahlmöglichkeiten, ist aber vor den Konsequenzen von Fehlentscheidungen geschützt. Vermögen ist ein zuverlässiges privates Sicherheitsnetz, das Schicksalsschläge, berufliche Tiefs, unternehmerische Fehlentscheide, Scheidungen und noch vieles andere auffängt, und zudem ist es eine sichere Vorsorge für den Lebensabend. Vermögen garantiert somit, sein Leben lang nie echte finanzielle Not leiden zu müssen, ein Schutzniveau noch weit über dem der Sozialwerke.

Gegen Verlustängste kann Geld allerdings nichts ausrichten, da es ja die eigentliche Quelle und Ursache dieser Angst ist. In die Erinnerung eines der Verfasser eingegraben hat sich ein älterer Herr, der im Vorzimmer einer Private-Banking-Abteilung auf seinen Berater wartete. Seine Aktentasche hielt er auf seinen Knien fest mit beiden Armen umklammert, gerade so, als würde ihm in Kürze jemand seine Kontoauszüge stehlen wollen. Wenn die Angst um das Vermögen so gross ist, dann verkümmern Freiheit und Sicherheit, die es verleihen sollte.

VERANTWORTUNG UND INTEGRITÄT

Ein Unternehmer sagt, er finde es wichtig, nicht immer nur an seinen eigenen Wohlstand zu denken, sondern auch an die Wohlfahrt der Gesellschaft. Vermögen bringt seiner Meinung nach auch Verantwortung mit sich. Sich gemeinnützig zu engagieren, hat in der Schweiz Tradition, es gehört in einem gewissen Mass auch zum guten Ton der besseren Gesellschaft (siehe auch Kapitel 9, «Philanthropie»). Ein anderer Unternehmer aber sagt, seine Verantwortung liege darin, Arbeitsplätze zu schaffen und zu erhalten, damit sei seine soziale Pflicht abgegolten und für ein Engagement, das darüber hinaus gehe, habe er schlicht keine Zeit.

Verantwortlichkeit in dem Sinn, dass man sich der Folgen der eigenen Handlungen bewusst ist, kann sich auch in der Art der Vermögensverwaltung ausdrücken. Die Einstellung, dass nicht nur die finanzielle Rendite allein zähle, sondern auch der Nutzen beziehungsweise der Schaden, den einzelne Firmen verursachen, zu berücksichtigen sei, findet in der Finanzwelt zunehmend Verbreitung.

Integrität ist ein Wert, der von Vermögenden oft erwähnt wird. Definitionsgemäss versteht man darunter die Übereinstimmung des eigenen Handelns mit den eigenen Idealen. Geschäftsleute betonen, wie wichtig in ihrem Alltag ein partnerschaftlicher Umgang mit Angestellten, Lieferanten und Kunden sei. Sie widersprechen damit dem Mantra, dass die kurzfristige Maximierung des Gewinns das einzige Ziel eines Unternehmens sei. Langfristig sei man eben gerade dann erfolgreich, wenn man nicht immer versuche, die Zitrone bis zum Letzten auszupressen.

Ein Immobilienunternehmer schildert, dass sich seine Strategie, moderate und eben nicht möglichst hohe Mieten zu verlangen, auf die Jahre auszahle, weil die Mieterfluktuation und die damit verbundenen Kosten sehr gering seien. Ein anderer Unternehmer erzählt, dass schon sein Vater gesagt habe, wie wichtig es sei, in der Geschäftswelt als fairer Partner wahrgenommen zu werden, und nicht als jemand, der immer nur an den eigenen Vorteil denke. Dank dieses Rufs, den er sich auch selbst über die Jahre aufgebaut habe, wurde er von Firmen, die nach einem Investor suchten, gegenüber anderen bevorzugt.

Regeltreue gilt auch dann, wenn es um Verpflichtungen gegenüber dem Staat geht, also die Steuerpflicht. Wer sehr aggressive Steuerplanung betreibt, gibt seinen Nachkommen damit ebenfalls einen moralischen Kompass vor, nämlich dass es keine gesellschaftliche Verantwortung gebe. Mangelnde steuerliche Integrität der Eltern empfänden Nachkommen häufig als Belastung, sagt ein Steuerexperte. Er schildert einen Fall, wo ein älterer Herr diesen Mangel realisierte und Gewissensbisse bekam. Er wollte die Situation unbedingt korrigieren und sein nicht deklariertes Vermögen den Steuerbehörden melden, auch wenn das teurer war, als wenn es die Nachkommen nach dem Erbgang getan hätten. Es war ihm wichtig, dass am Erbe kein moralischer Makel hafte.

Steuern sparen will jeder, hört man oft. Erfrischend anders ist die Einstellung von Roland Fuchs*: Er sieht die Höhe der Steuern, die er zahlt, als Massstab seines Erfolgs und seiner Finanzkraft. Er würde sich eine Rangliste der besten Steuerzahler wünschen, denn das würde den Wettbewerb anspornen, auf diese Liste zu kommen. Er selbst würde mit den zig Millionen, die er bereits bezahlt hat, wohl einen guten Rang einnehmen.

Um die eigene Beziehung zum Reichtum zu klären, lohnt es sich aus unserer Sicht auch, sich zu fragen, für welche der drei Facetten im Umgang mit Geld man sich besonders interessiert: den Aufbau, die Verwaltung oder das Ausgeben.

Üblicherweise sind sie je nach Talent und Lebensumständen verschieden stark ausgeprägt. Man sollte sich auch fragen, in welchem Bereich die eigenen Eltern und der Ehepartner am stärksten verankert sind. Alltägliche Spannungen entstehen nicht selten aus solchen Unterschieden. Man kann je nach Ausprägung in jedem der drei Bereiche positive und negative Verhaltensweisen sehen. Im realen Leben kommen sie vielleicht nicht ganz so deutlich zum Zug, darum sind nachfolgend zur Illustration einige Archetypen in reiner Ausprägung geschildert.

Aufbau
Der Unternehmer setzt einen starken Akzent auf den ersten Bereich. In der positiven Ausprägung dient ihm Geld als Mittel, seine Firma auf- und auszubauen. Es bloss zu verwalten oder für luxuriöse Dinge auszugeben, sagt ihm wenig, erscheint ihm reizlos oder verschwenderisch. Umgekehrt wäre jemand, der dauernd phantastischen Projekten nachhängt, die selten Aussicht auf Erfolg haben, die negative Ausprägung dieses ersten Bereichs.

Verwaltung

Ein Erbe, der das Vermögen bewahren und es intakt oder im besten Fall ver-
grössert an die nächste Generation weitergeben will, sieht im zweiten Bereich
seine Herausforderung. Wer hingegen mit dem Vermögen nicht umgehen
kann, sondern es durch Spekulation dezimiert, zählt zu den negativen Beispielen in diesem Bereich.

Ausgeben

Der dritte Bereich, die Verwendung, ist dem Philanthropen wichtig, ebenso
dem Sammler von Kunst oder anderen Dingen. Sie verwenden das Vermögen
am liebsten, indem sie es transformieren und für Dinge oder Menschen einsetzen, die ihnen wichtig sind. Negativ konnotiert ist die Ausgabenseite bei Leu-
ten, die krankhaft konsumieren.

3   ERBEN ALS CHANCE

«Familienmitglieder, die miteinander streiten, haben vor allem etwas gemeinsam: Verletzungen.»

Dr. Manuel Liatowitsch, Schellenberg Wittmer

ÜBER DIE FREIHEIT ZU VERERBEN

Was braucht es am Anfang des 21. Jahrhunderts, um ein beruflich erfolgreiches Leben zu führen? Hilfreiche Eigenschaften sind ein wacher Intellekt, Talent, Energie, Anpassungsfähigkeit und eine solide Bildung. In vielen Ländern steht es allen, die diese Eigenschaften einzusetzen wissen, offen, aus ihren Gaben das für sie Beste zu machen. An Bedeutung verloren haben Herkunft und ererbter Besitz. Es ist heute weniger wichtig, in welche Schicht und in welche Familie man hineingeboren wurde.

Eine Vermögensaristokratie, die den Rest der Bevölkerung durch ihre finanziellen Mittel und ihren Einfluss ausgrenzt, existiert unseres Erachtens nicht mehr. Noch vor nicht allzu langer Zeit war in agrarischen Gesellschaften für die Zukunft eines jeden entscheidend, wie viel Land man erbt und bebauen kann. Erben war eine existenzielle Frage. Heute hat es für die überwiegende Mehrheit der Bevölkerung, die nicht als Bauern lebt, eine geringere Schicksalshaftigkeit. Wir werden nicht in einen bestimmten Stand oder in eine Kaste geboren. Wir messen uns in demokratischen Gesellschaften vorwiegend am gleichen Massstab, nämlich an unserer Leistungsorientierung.

Trotzdem wird Vermögen auch in der Schweiz durch die Lotterie der Geburt immer noch ungleich verteilt. Eine Untersuchung aus dem Kanton Bern zeigt: Jede dritte Person erbt weniger als 20 000 Franken, bloss eine von siebzig wird durch Erbschaften Millionärin.[5] Diese Ungleichheit ist für viele stossend, weil sie den Reichtum eben leistungsunabhängig verteilt. Deshalb wird die Diskussion, ob und warum man sein Vermögen vererben kann und welchen Anspruch der Staat auf diesen Transfer hat, unvermindert rege geführt – und zwar nicht immer entlang der Linien, die man erwarten würde. In den USA beispielsweise

---

5 https://www.bfh.ch/fileadmin/data/publikationen/2015/A_113_Jann_B.pdf.
(Zugriff: 20. 1. 2019).

haben sich über 500 Unternehmer, Investoren und Erben zum Projekt «responsible wealth» bekannt, das sich gegen Steuersenkungen und für eine hohe Erbschaftssteuer einsetzt.[6]

Bereits im 18. und 19. Jahrhundert wurde darüber debattiert, ob Erbschaften die Ungleichheit in der Gesellschaft perpetuieren.[7] Mit der Französischen Revolution sind allerdings die grössten Ungerechtigkeiten beseitigt worden, so auch das Recht des erstgeborenen Sohns auf das gesamte Vermögen. Auch die Diskriminierung der Frauen hat die Erbrechtsreform damals beseitigt. Seitdem sind die Töchter den Söhnen gleichgestellt. Das erscheint aus heutiger Sicht selbstverständlich und kaum erwähnenswert. Dabei geht vergessen, dass in der arabischen Welt Söhne kraft des Erbrechts den doppelten Erbanteil der Töchter bekommen.

Mit der Französischen Revolution wurde zudem auch ein wichtiges Instrument beseitigt, das die dynastische Vererbung garantierte, nämlich die Fideikommisse. Darunter versteht man Grundbesitz, der von den Erben nicht verkauft werden durfte, sondern unangetastet, in gleicher Form, weitervererbt werden musste. All diese Reformen wurden mit dem Ziel durchgeführt, demokratische Familienstrukturen zu schaffen.[8]

Heute noch gibt das Erbrecht die Schranken vor, die die Freiheit des Vermögenden eingrenzen, nach seinem Tod über sein Geld zu verfügen. In der Schweiz und den Nachbarländern wird diese Gestaltungsmöglichkeit weiterhin durch Pflichtteile begrenzt. Sie sind ein Überbleibsel aus der Zeit, als Erben noch dazu diente, die Lebensgrundlage zu sichern, und ein Ausdruck davon, dass dem Kollektiv bei uns immer noch eine höhere Bedeutung zukommt als dem Individuum. In den USA ist es umgekehrt. Dort herrscht seit 1724 eine absolute Testierfreiheit. Man kann also seinen Nachkommen genau so viel oder so wenig vererben, wie man will. Von dieser Möglichkeit wird reger Gebrauch gemacht. Die Nachteile davon, in Reichtum aufzuwachsen, werden dort auch viel offener diskutiert. «Geld war das Gefängnis, das mich

---

6 www.responsiblewealth.com. (Zugriff: 20.1.2019)
7 Beckert, Jens, *Erben in der Leistungsgesellschaft*, Campus Verlag: Frankfurt a. M. 2013, S. 23.
8 Ebd.

von vielen Aspekten des Lebens getrennt hat», schreibt Jessie H. O'Neill in ihrem Buch *The Golden Ghetto*.

In der kontinentaleuropäischen Rechtstradition wird der Einzelne als ein Glied in einer Kette angesehen, die sich mit jeder neuen Generation fortsetzt. So fühlen sich auch die meisten dafür verantwortlich, das Familienvermögen zu wahren und es unangetastet oder, noch besser, geflissentlich vermehrt, weiterzureichen. Vermögensverzehr hat etwas Amoralisches. Philanthropie gehört zum guten Ton, aber einen Grossteil des Vermögens zu spenden, ist in Europa immer noch eher selten. Dabei hat schon John Stuart Mill in seinen *Principles of Political Economy* gefordert, die Vermögenssumme, die vererbt werden kann, auf einen Betrag zu begrenzen, der einen bescheidenen Lebensstandard ermöglicht.

Was bedeutet das? Auch wenn man «bescheiden» grosszügig auslegt, mit 100 000 Franken pro Jahr veranschlagt und ausserdem eine sehr spärliche Anlagerendite von zwei Prozent pro Jahr annimmt, wären fünf Millionen als Erbe für jeden Nachkommen genug, um von den Einkünften leben zu können, ohne das Kapital anzutasten. Einen solchen Betrag als Maximum anzusetzen, ist Erblassern in der Schweiz und in Kontinentaleuropa aber gesetzlich verwehrt. Der Pflichtteilsschutz begrenzt die Freiheit in Verfügungen von Todes wegen. Auch mit der anstehenden Revision des Erbrechts in der Schweiz, die als Modernisierung angepriesen wird, ist keine Deckelung vorgesehen. Die Diskussion, wie viel genug ist, wird damit im Keim erstickt. Wer seinen Erben nicht zu viel zukommen lassen will, weil er der Überzeugung ist, dass es ein Zuviel gibt, der muss weiterhin zeit seines Lebens Vorkehrungen dafür treffen.

Pflichtteile schützen die Nachkommen bis zu einem gewissen Grad vor einer extrem unfairen Verteilung zwischen Geschwistern. Dem einen Sohn alles zuzuteilen, dem anderen nichts, ist nicht möglich, eine mässige Ungleichbehandlung allerdings schon. Vor allem aber schützen Pflichtteile die Kinder vor Eltern, die ihr Vermögen gerne als Druckmittel einsetzen, um bestimmte Verhaltensweisen zu erzwingen. Auch der in den Augen der Eltern missratene Sohn kommt so in den Genuss eines Erbes. Insofern schützen Pflichtteile die Freiheit der Kinder, ihr Leben selbst zu gestalten und sich von den Eltern zu emanzipieren.

Als vermögende Person wird man sich in der Gestaltung von Testamenten, Erbverträgen und dergleichen auf jeden Fall professionell beraten lassen. Sie rechtzeitig zu mandatieren, heisst, die Chancen zu erhöhen, dass Reichtum eine positive Wirkung auf die nächste Generation hat. Gewisse grundlegende Überlegungen kann und sollte einem aber auch der erfahrenste Anwalt oder Steuerberater nicht abnehmen: Dazu gehören die Frage nach der Gleich- oder Ungleichbehandlung der Erben, nach der Kontrolle, die man posthum ausüben will, nach dem Zeitpunkt des Vermögenstransfers und nach dem Grad der steuerlichen Optimierung. Diese Punkte werden nachstehend ausführlicher besprochen.

GLEICHBEHANDLUNG BEDEUTET ANERKENNUNG

Vermögen ungleich unter den Kindern aufzuteilen ohne adäquate Vorbereitung und Diskussion mit der Familie, ist etwas vom Destruktivsten, was Eltern tun können.[9] Auch wenn es auf die tatsächliche Lebensführung zweier Geschwister keinen grossen Einfluss haben dürfte, ob eines zwei Millionen erbt und das andere 2,2 Millionen, so dürfte diese Unterscheidung emotional doch eine grosse Rolle spielen. Es ist sowohl für die Eltern als auch für die Nachkommen schwierig, Geld und Zuneigung voneinander zu trennen. Es muss sich dabei, wie oben erwähnt, nicht einmal um so grosse Summen handeln. Schon die Zuteilung eines einzelnen Gegenstands kann von grosser Bedeutung für eine Person sein.[10] Die Nachkommen werden sich erinnern, wer was wann bekommen hat, und diese Vermögenszuteilung mit Botschaften verknüpfen, die sich vielleicht nicht mit der Absicht der Gebenden decken.

Die Gleichbehandlung der Nachkommen als Grundsatz, der Kränkungen und Streit vermeidet, stösst im echten Leben vielfach auf Probleme. Ein offensichtliches Beispiel sind Nachkommen, die mit Geld nicht umgehen können oder den Kontakt zu den Eltern abgebrochen haben. Sie deswegen zu enterben, ist gemäss Schweizer Recht nur in

---

9 Marcovici, Philip, *The Destructive Power of Familiy Wealth*, Wiley & Sons: Hoboken 2016, S. 34.

10 Stamm, Eugen: «Der Sessel, der die Familiengeschichte weitererzählt», NZZ, 27.8.2017, https://www.nzz.ch/finanzen/erbstuecke-der-sessel-der-die-geschichte-der-familie-weitererzaehlt-ld.1312673 (Zugriff: 23.1.2019).

seltenen Fällen möglich, wenn sie etwa eine schwere Straftat gegen den Erblasser begangen haben.

Abgesehen von solchen Konstellationen gibt es aber auch andere, die einigermassen delikat sind. Wie soll man es beispielsweise honorieren, wenn sich eines der Kinder intensiv um die Pflege der Eltern kümmert, während die anderen das nicht können, weil sie im Ausland wohnen? Sollte das selbstverständlich sein oder mit Geld abgegolten werden? Und wenn das einen sogenannten Lidlohn rechtfertigt, ist es der einer Krankenschwester oder ein erheblicher Erbteil?

Eine allgemein gültige Antwort auf solche Fragen zu geben, ist schwierig. Wenn möglich sollte man finanzielle Gesten immer allen Kindern gleichzeitig zukommen lassen. Wenn man tatsächlich eines bevorzugen will, beispielsweise als Anerkennung für seine Dienste, dann sollte man das wenigstens mit Wissen der anderen tun. Im besten Fall hat man seine Angelegenheiten geregelt, lange bevor man pflegebedürftig wird.

Man sollte Vermögen nicht als Machtinstrument brauchen, um sich die familiäre Unterstützung zu sichern. Ziel muss es sein, eine Lösung zu finden, mit der alle Betroffenen zufrieden sind. Unter Gleichbehandlung sind nicht nur finanzielle Aspekte zu verstehen, sondern eben auch der Umgang mit Informationen. Wenn jemand das Gefühl hat, er sei von den Diskussionen um die Zukunft immer ausgeschlossen, ist das allein schon eine Kränkung.

IM WÜRGEGRIFF DER TOTEN HAND

Schon Liberale des 18. Jahrhunderts lehnten die Bindung des Eigentums an den Willen Verstorbener ab.[11] «Die Nutzniessung der Erde gehört den Lebenden. Den Toten kommt weder Macht noch Recht an ihr zu», schrieb Thomas Jefferson. Trotzdem versuchen Vermögende immer wieder, ihren Nachkommen noch weit über den Tod hinaus Vorschriften zu machen. Sie machen beispielsweise in ihrem Testament die Auszahlung von Geldern vom Abschluss eines bestimmten Studiums oder anderen Erfolgen abhängig.

Gleiches gilt für die Errichtung von Trusts und Stiftungen, Struktu-

---

11 Beckert, ebd.

ren, die den Willen des Erblassers perpetuieren. Man will damit die Erben vor sich selbst schützen. Ein 20-Jähriger, der 100 Millionen erbt, ist offensichtlich unfähig – so denkt man –, mit einem solchen Vermögen vernünftig umzugehen. Also beauftragt man Anwälte damit, Konstruktionen zu finden, die Verschwendung verunmöglichen. Das Testament hat dann auch eine erzieherische Funktion. Kommt das gut?

Überdies gilt es zu bedenken, dass nicht alles, was rechtlich möglich ist, um vermeintlich leichtsinnige Erben vor sich selbst zu schützen, auch wirklich in ihrem besten Interesse ist. Die «asset protection», der Schutz des Vermögens, ist auch ein Verkaufsargument von Beratern, die mit der Verwaltung dieser Strukturen Geld verdienen. Sie auf die Ewigkeit auszurichten, widerspricht dem Geist von Jefferson und ist unserer Meinung nach verkehrt. Man verunmöglicht so seinen Nachkommen, Verantwortung zu übernehmen. Wie angenehm ist es wohl, dauernd im «Würgegriff der toten Hand» zu leben?[12] Loszulassen ist eine Kunst, die es zu lernen gilt. Das gilt insbesondere für Eltern, die ihren eigenen Erfolg primär am Geld messen.

Oft sieht man in der Praxis starre Lösungen, die zwar durchdacht sein mögen, aber mit den Erben nicht besprochen wurden. Diese Lösungen zwingen sie in ein enges Korsett, das ihnen widerstrebt, das sie aber nicht mehr ablegen können. Ein Berater nennt solche Konstrukte «Betonlösungen» und warnt Erblasser vor dem Irrglauben, dass solche Methoden vorteilhaft für die Nachkommen seien.

Umgekehrt sollte man sich als Eltern bewusst sein, was es für die Nachkommen bedeutet, wenn man sich nicht festlegen will oder kann. Das gilt insbesondere für Personen, die gerne alle Zügel in der Hand halten und operativ in Unternehmen involviert sind. Solche Fragen dulden keinen Aufschub, sondern sind sofort zu regeln. Sonst riskiert man Blockaden, die erhebliche finanzielle Einbussen nach sich ziehen, sagt Anwalt Manuel Liatowitsch von der Kanzlei Schellenberg Wittmer. Der schlimmste Fall sei, wenn sich etwa Aktien des eigenen Unternehmens direkt im Vermögen des Verstorbenen befinden. Wer kann dann in der Firma Entscheide treffen, wer nimmt Einsitz im Verwaltungsrat? Während sich die Erben um solche Fragen streiten, laufen die Mitarbei-

---

12 Beckert, ebd.

ter der mittlerweile dysfunktionalen Firma davon. Häufig haben Unternehmer überhaupt keine Nachlassplanung, sagt Liatowitsch. Vor allem Männern, die gewohnt sind, alles selber zu machen, falle es schwer, anzuerkennen, dass sie vorsorgen sollten. Den Gedanken daran, ihre Angelegenheiten verbindlich zu regeln und sich der eigenen Endlichkeit zu stellen, verschieben sie gerne auf morgen.

EIN LEBEN IM WARTESAAL

Die zunehmende Lebenserwartung bedeutet auch im Kontext des Vermögensübergangs zwischen Generationen eine neue Herausforderung. Die Zahl der Erben, die ihrerseits schon im Pensionsalter sind, steigt. Es stellt sich darum zunehmend die Frage, wie sinnvoll es ist, bis zu seinem Tod am Grossteil seiner Vermögenswerte festzuhalten. Denn es gibt gute Gründe, die dagegen sprechen. So kann es befreiend sein, die letzten Jahre seines Lebens zu geniessen, ohne sich mit Vermögensfragen beschäftigen zu müssen. Ab einem gewissen Alter sinkt auch die Kapazität dazu. Zahlreiche Gerichtsfälle, bei denen streitig war, ob der Erblasser zu einem gewissen Zeitpunkt überhaupt noch in der Lage war, rechtskräftig zu entscheiden, zeigen die Gefahr auf, die besteht, wenn man im hohen Alter noch Testamente schreibt oder ändert.

Ein weiteres Argument ist die Tatsache, dass der Nutzen des Geldes ab einem gewissen Alter abnimmt. Wenn der 75-Jährige vom 100-Jährigen erbt, ist der positive Effekt wohl geringer als wenn beide 40 Jahre jünger sind. Soll man seine Nachkommen wirklich so lange warten lassen? Man raubt ihnen damit die Freiheit, das Vermögen zu gestalten und nach ihren Vorstellungen einzusetzen. Stattdessen verknurrt man sie zu einem Leben im Wartesaal.

Andererseits fühlen sich heute viele Leute, die mit 65 das Pensionsalter erreichen, noch topfit. Warum sollte jemand, der noch auf hohe Berge steigt, die mit Vermögen verbundene Entscheidungsgewalt abgeben? Vielleicht fürchtet man sich auch davor, dass die frühzeitige Weitergabe des Geldes gleichbedeutend mit einem Bedeutungsverlust sei. Dies sollte aber nicht der Kitt sein, der eine Familie zusammenhält und die Sorge der Jungen um die Alten garantiert.

Einen allgemeingültigen besten Zeitpunkt für den Vermögenstransfer gibt es wohl nicht. Aber Untersuchungen haben gezeigt, dass Menschen um die 50 die besten finanziellen Entscheidungen treffen.[13] Sind sie deutlich jünger, fehlt ihnen die Erfahrung, sind sie deutlich älter, sind manche kognitiven Fähigkeiten eingeschränkt. Viele Familien wählen deshalb einen schrittweisen Übergang. Oft erhalten Nachkommen schon ab 30 die Gelegenheit, mit einem kleineren Teil des Vermögens sich in dessen Verwaltung zu üben.

Wenn man der Meinung ist, dass das Familienvermögen also über die Generationen möglichst zu mehren sei, sollte man es dann an die nächste Generation übergeben, wenn diese am meisten daraus machen kann, und nicht erst, wenn sie pensioniert ist – gleichzeitig schützt man sich selbst vor Beeinflussung und Fehlentscheiden im hohen Alter.

STEUERN SIND NICHT DAS WICHTIGSTE

Steuerliche Überlegungen sind für viele einer der wichtigsten Aspekte bei der Planung des Vermögensüberganges, weil man sein Geld vor einem als ungebührlich empfundenen Zugriff des Fiskus schützen will. Sie sollten aber nicht im Zentrum stehen, lenken sie doch von den eigenen Bedürfnissen und denen der Nachkommen ab. Entscheidend ist, eine Lösung zu finden, die für alle Beteiligten emotional zufriedenstellend ist. Ist sie das nicht, so wird ein steuereffizientes, aber kompliziertes Konstrukt im Streitfall nämlich zu einem teuren Alptraum für alle Beteiligten.

Die Kosten, um solche Konstrukte zu errichten, aufrechtzuerhalten und im Streitfall wieder auseinanderzudividieren, sind erheblich. Auch hier lohnt es sich, zuerst einmal mit den Nachkommen zu sprechen. Es kann sein, dass sie eine einfache Lösung vorziehen, auch wenn diese vorderhand aus steuerlicher Sicht nicht die beste sein mag.

TRANSPARENZ ALS HERAUSFORDERUNG

Vermögende Personen beginnen in der Regel erst spät im Leben, sich mit dem Erbrecht auseinanderzusetzen. Oft werden sie von einem Berater darauf angesprochen, es sei jetzt langsam Zeit, vorzukehren. Oder die zweite Heirat braucht neue Verträge. Das Bedürfnis, für den neuen

---

13 Bijleveld, Erik H.; Aarts, Henk, *The Psychological Science of Money*, Springer Verlag: New York 2014, S. 122.

Lebenspartner vorzusorgen, wird dann zum Thema. Dies kann die vermögende Person im guten Einvernehmen mit den Erben aus erster Ehe tun, wenn sie akzeptieren, dass der Vater oder die Mutter wieder mit einem neuen Lebenspartner zusammen lebt. Dann ist es ratsam, einen Erbvertrag aufzusetzen.

Leider sieht man im Leben vielfach auch das pure Gegenteil von harmonischen Lösungen, berichtet der Anwalt René Strazzer. Oft befürchten Zweitverheiratete, dass nach ihrem Ableben die Kinder aus erster Ehe ihrem neuen Partner das Leben schwermachen werden. Besagte Kinder wiederum werden sich fragen, was die neue Liebe ihres Vaters oder ihrer Mutter sie an Anteilen am Familienvermögen kosten wird.

Ein Mann habe seinen erwachsenen Kindern nicht von seiner neuen Heirat erzählt, weil es sonst Krach gegeben hätte, schildert Strazzer. Es kommt noch schlimmer, wenn bedeutende Vermögenswerte ohne Wissen der Nachkommen an die neue Gattin oder den neuen Gatten übertragen werden. Wenn man dafür sorgen will, dass eines Tages Streit ausbricht zwischen denen, die man liebt, dann scheint eine solche Intransparenz ein sicheres Rezept dafür zu sein. Es wäre besser, vor der zweiten Heirat mit den Kindern verbindlich zu vereinbaren, was ihnen und was dem neuen, überlebenden Partner zusteht – das würde helfen, die neue Beziehung für alle lebbar zu machen.

Aber auch in weniger pathologischen Konstellationen neigen Menschen dazu, das Schreiben eines Testaments als eine höchst private Sache anzusehen, die man mit den Betroffenen nicht diskutiert, sagt Strazzer. Es ist an der Zeit, das zu ändern. Transparenz ist wichtig, das gilt insbesondere auch dann, wenn die familiäre Situation angespannt ist. Solange man lebt, hat man die Möglichkeit, seine Entscheidungen zu begründen und zu besprechen. Man sollte sie nutzen. Die ganze Familie an einen Tisch zu bekommen, aufzuzeigen, was man alles hat, wie man die Zukunft sieht, das ist keine leichte Aufgabe. Entscheidungen mit Aktionärsbindungsverträgen und Erbverträgen abzusichern, kostet Geld. Es erlaubt aber, ein Gerüst zu bauen, das der Familie hilft, in finanzieller Hinsicht zusammenzubleiben oder bei Bedarf auseinanderzugehen, sagt Liatowitsch – und das ist viel besser, als die Nachkommen in ein Korsett zu zwängen, das man alleine im stillen Kämmerchen entworfen hat.

4 EIN SACK VOLL GELD ODER EINE WINDKRAFTANLAGE?

«Geld ermöglicht vieles, auch Gutes. Dass Ungerechtigkeit entsteht, liegt an den Menschen. Geld an sich ist nicht böse.»

Manuela Pfrunder, in: Die Zeit, Nr. 2, 4. 1. 2018, S. 12

«Meine Kinder werden nichts von ihrem Vater erben. Ich glaube nicht, dass geerbter Wohlstand gut ist.»

Douglas Tompkins, 1943–2015, in: Die Zeit, Nr. 44, 29. 10. 2015, S. 30

ERBEN EINFACH GEMACHT?

Das liquide Vermögen hat in der Schweiz, wie in anderen Ländern auch, eine eher junge Geschichte. Erst mit der Deregulierung in den 1970er-Jahren begann die Geldanlage populär zu werden. Bis dahin war vieles in Unternehmen, Immobilien oder andere illiquide Vermögenswerte investiert. Es ist unserer Meinung nach ein grosser Unterschied, ob Erben über Kapital sofort verfügen können oder ob es gebunden ist.

Wie wird Erbe übergeben und übernommen und was geschieht danach? Wie unterscheidet sich das Verhalten von Familien, in denen Vermögen seit Generationen vorhanden ist, gegenüber Familien, die erst in der Generation der Eltern vermögend wurden? Und was passiert, wenn sich Vermögende entschliessen, nichts oder nur wenig an die nächste Generation zu vererben? Weiter stellt sich die Frage, ob Kinder und der Partner überhaupt wissen sollten, wie vermögend die Familie ist. Die Information ist das eine, der Vermögensübergang das andere. Wann und wie beginnen der Vermögensinhaber oder die Eltern damit und wie sehen das die Nachkommen?

«Eifach verchaufe! Geld ist einfacher zu vererben als eine Immobilie», so lautet die Überschrift einer Anzeige eines Immobiliendienstleisters in einer Schweizer Tageszeitung. Die Anzeige will vermitteln, dass man es den Nachkommen möglichst leicht machen sollte, das Erbe zu übernehmen. Das Erbe wird sozusagen auf die Erben vorbereitet.

Wer Bargeld und anderes liquides Vermögen erbt, bekommt damit eine fast unbegrenzte Gestaltungsfreiheit: Er kann damit Schulden abzahlen, die Mittel investieren, sich damit etwas leisten oder Unternehmen gründen. So hat Ralf Baumann* die Absicht, es seinen Erben möglichst einfach zu machen. Er sagt, Geld sei oft ein potenzieller Streitpunkt. Um zu vermeiden, dass die Emotionen hochkochen, sollte man seinen Nachkommen am besten Bargeld übergeben, ist er überzeugt. Dann werde es nie zu Diskussionen um Wertgegenstände wie

Schmuck, Häuser oder Kunst kommen. Er lehnt das Vererben von Sachwerten aber nicht kategorisch ab, schliesslich ist er Mehrheitsaktionär eines erfolgreichen Unternehmens in vierter Generation. Dies bedinge jedoch eine frühzeitige Planung und die Integration aller betroffenen Parteien.

Liquides Vermögen ist einfach aufzuteilen. Die emotionale Bindung ist weniger stark als jene, die Menschen zu einzelnen Gegenständen aufbauen, etwa zum Ehering der geliebten Grossmutter. Dem Barvermögen fehle aber noch mehr, findet Marc Nufer: «Vermögen ohne unternehmerischen Hintergrund fehlt der Zweck.» Mit dem Erben von Bargeld entstehe kein Verantwortungsgefühl. Meist gehe es der nachfolgenden Generation dann nur noch darum, ihren Wohlstand zu wahren, was im Gegensatz zur Wohlfahrt stehe. Erben die Nachfahren hingegen Unternehmensanteile oder Renditeliegenschaften, stehe nicht der Geldwert an erster Stelle, sondern die damit verbundenen Möglichkeiten und Pflichten. So würden die Erben angeleitet, eine unternehmerische Sicht einzunehmen.

Auch Frank Scheidegger* musste sich über den Zweck seines Erbes nie Gedanken machen. Er übernahm die Firma seines Vaters. Das bot ihm eine Entwicklungsmöglichkeit, die seine Geschwister nicht hatten. Die Sinnhaftigkeit seiner Aufgabe und seine Verantwortung als Unternehmensführer stellt er selten infrage. Er beschäftigt Mitarbeitende, von denen nicht wenige bereits für seinen Vater gearbeitet haben. Sein Unternehmen ist eingebettet in das staatliche, wirtschaftliche und soziale System. Die Nachfolge in einem Familienunternehmen anzutreten, bietet nicht nur finanzielle, sondern auch persönliche Entwicklungsmöglichkeiten. So stellt sich Scheidegger* auch die Frage, ob dieser immaterielle Wert seinen Geschwistern nicht zusätzlich abgegolten werden müsste. Ihnen wurde ja eine solche Möglichkeit nicht geboten, weil sein Vater der Meinung war, dass er die beste Wahl sei. Scheideggers* Geschwister erbten vor allem liquide Werte. Auch mit viel Kapital ist es immer noch schwieriger, ein erfolgreiches Unternehmen aufzubauen als eines weiterzuführen, dazu braucht es ausgeprägte unternehmerische Gene. Er ist sich seiner privilegierten Situation bewusst und schätzt sie, spürt dadurch aber auch die Verantwortung seinen Vorfahren, seinen Geschwistern und seinen eigenen Kindern und Nachfahren gegenüber. Vor diesem Hintergrund relativiert Scheidegger* die Abgeltung des immateriellen Werts an seine Geschwister: «Die Bürde der Würde sollte auch einberechnet werden.» Das Gute an diesen Reflexionen sei, dass Geld selten leichtfertig ausgegeben werde. Ein Unternehmen zu übernehmen, bedeutet also nicht nur, eine Aufgabe zu bekommen, sondern gibt auch Grenzen vor. Gleiches gilt auch für die Probleme, die es zu lösen gilt. Nach über zehn Jahren als Geschäftsinhaber sagt Scheidegger*, dass er damals die Aufgabe nicht übernommen hätte, wenn er gewusst hätte, was alles auf ihn zukomme. Zu Beginn sah alles nach heiler Welt aus, dann folgten aber sehr intensive Jahre. Die Befriedigung, etwas geschaffen zu haben, kompensiere jedoch im Nachhinein vieles. Das Unternehmen habe nie dazu gedient, seinen Lebensstandard zu steigern. Er sei froh gewesen, dass ein grosser Teil seines ererbten Vermögens gebunden war. Über unbeschwertes Kapital zu verfügen, sieht er als eine grosse Herausforderung.

Wenn Geld verfügbar ist, besteht die Gefahr, dass es leichtfertig ausgegeben wird. Peter Weber* hat Mühe mit Menschen, die ihren Reichtum unverhohlen zur Schau stellen. Oft sei das bei Familien der Fall, die erst vor kurzem und relativ rasch vermögend geworden seien und sich darauf etwas einbilden. Kinder, die in einem solchen Haushalt aufwachsen, seien sich oft nicht bewusst, was der Wert des Geldes ist, und dass man, um etwas kaufen zu können, erst einmal arbeiten müsse. Familien, die sich ihrem Reichtum entsprechend verhalten, hätten ständig das Bedürfnis, *dabei sein* zu müssen. Neureiche hätten selten eine Orientierung, weil man sich plötzlich alles leisten könne.

«Wir lernten die Namen der 16 Kinder meines Urgrossvaters auswendig aufsagen», sagt Weber* zur Frage, wie er sich mit dem Familienvermögen identifiziere. Der Urgrossvater gestaltete nicht nur das Unternehmen, sondern gründete mit seiner Frau auch eine vielköpfige Familie. Eines dieser Kinder, Webers* Grossvater, erzählte seinen Enkelkindern von früheren Zeiten und liess sie die Namen seiner Geschwister aufsagen. Weber* lässt sich an unserem Gespräch nicht zweimal bitten. Wie aus einem Reflex heraus zählt er die 16 Namen auf. Das Bild des Urgrossvaters hängt immer noch im Büro. Das Unternehmen, das er heute führt, lasse sich immer noch von den Werten der Gründergeneration leiten und nicht durch einen CEO, der durch seine Genialität glänzen wolle. Mit einer solchen Vorgeschichte ist es naheliegend, den Reichtum in Bescheidenheit und eher mit Understatement zu geniessen.

Diese Identifikation mit dem Unternehmen und dem Weitertragen der Familienwerte über Generationen hinweg hat aber auch eine Kehrseite. Die Schwester von Sandra Koch* hat Bargeld den Aktien des Familienunternehmens vorgezogen. In den Augen von Koch* hat sie sich für die Freiheit entschieden. Koch* erwähnt, dass sie sich schon bald nach den ersten Berufsjahren ausserhalb des Unternehmens für oder gegen das Familienunternehmen entscheiden musste: «Jetzt oder nie.» Die Tragweite, die diese Entscheidung hatte, konnte auch sie damals noch nicht abschätzen. In diesem Alter habe man noch ein gutes Mass an Naivität und Unbeschwertheit.

In der Firma von Koch* dürfen nur Familienmitglieder mit einer strategischen oder operationellen Aufgabe, zum Beispiel als Mitglied der Geschäftsleitung, Aktionäre werden. Es muss eine enge Verbindung zwischen Führung und Kapital geben. Aktionärsbindungsverträge regeln Nachfolgesituationen weitestgehend. Sie machen meist Sinn, werden aber auch von den Nachfolgern als brutal empfunden, als eine Fussfessel im Sinn von *alles oder nichts*. Durch die Übernahme der Aktien und durch die Führungsposition im Unternehmen habe sie auf Gestaltungsfreiheit verzichtet, sagt Koch*. Es gab auch andere Berufe, die sie interessierten, aber dann wäre ein Einstieg ins Familienunternehmen nicht mehr möglich gewesen. Meist vermisse man halt das, was man nicht habe.

Ist Bargeld vererben somit schlecht? Nein, aber es kann je nach Betrag und Neigung des Begünstigten heikel werden, da meist die Zweckbestimmung fehlt. Der Erbe erhält den Bankauszug, in dem eine mehrstellige Zahl steht. Nicht mehr und nicht weniger. Diese Zahl gibt ihm die Möglichkeit und die Freiheit, etwas damit zu tun oder zu lassen. Manche Erben gehen damit aus Überzeugung oder Verantwortungsgefühl sich selbst oder der Familie gegenüber sorgsam und sinnvoll um. Aber was ist mit denen, die mit Geld und Vermögen nicht umgehen können? Wenn man sie auf den Pflichtteil setzt und ihre Geschwister bevorzugt, verstösst man gegen die Empfehlung, die Erben gleich zu behandeln. Vielleicht sollte man sich auch fragen, woher diese Unfähigkeit herrührt und ob sie tatsächlich oder nur vermeintlich ist. «Mein Onkel ist als gebrochener Mann gestorben. Ich habe mich immer gefragt, ob er so geworden ist, weil ihm sein Vater – also mein Grossvater – das Vertrauen nicht schenkte oder weil er von Geburt weg für die Übernahme der Verantwortung und des Vermögens einfach nicht geeignet war», erwähnt Hans Stettler* und weist darauf hin, dass die Eltern oft Anteil an der angeblichen Unfähigkeit ihrer direkten Nachkommen haben.

Den Umgang mit Geld muss man üben, und dazu gehört auch, Fehler machen zu dürfen. Zur Freiheit, Vermögen zu besitzen, gehört auch die Möglichkeit, es anders einzusetzen, als die Eltern es getan hätten. Diese wiederum sollten versuchen, die Entwicklung der Kinder zu verantwortlichen Eigentümern zu fördern – und dazu gehört auch viel Vertrauen.

ÜBERNEHMEN, BEWIRTSCHAFTEN UND WEITERGEBEN

Charles Meyer* vergleicht unternehmerisches Vermögen mit einem Bauernhof. Man übernimmt ihn von seinen Eltern, bewirtschaftet ihn so, dass man ein Auskommen hat, entwickelt ihn weiter und übergibt ihn in einem tadellosen Zustand seinen Nachkommen. Danach zieht man sich auf ein möglichst weit entferntes Stöckli zurück.

Viele unserer Gesprächspartner fühlen sich verpflichtet, das Vermögen, dass sie von ihren Vorfahren übernommen haben, unversehrt an die nächste Generation weiterzugeben. Einige sind sogar der Meinung, dass ererbtes Vermögen zu einem höheren Wert an die nächste Generation weiterzugeben ist. Unternehmer zu sein, bedeutet für sie nicht, zu arbeiten, um Geld zu verdienen, sondern Geld zu verdienen, um das Vermögen zu mehren. In diesen Aussagen schwingt die Ambition mit, aus der eigenen privilegierten Situation das Beste zu machen. So wird der unternehmerische Erfolg zur Legitimation des Reichtums. Jede Generation muss sich so ihre Stellung durch Tüchtigkeit neu verdienen.

Liquides Vermögen fordert von seinem neuen Eigentümer keine solche unmittelbare Rechtfertigung. Ein Erbe, der das Vermögen bloss vernünftig verwalten lässt und damit eine marktgerechte Rendite erwirtschaftet, wird daraus wohl noch keine Befriedigung ziehen. Es ist das Kapital, das in diesem Fall arbeitet, nicht er selbst. Das kann beim

Erben das Gefühl verstärken, dass er diesen Reichtum nicht verdient. Ein Ausweg aus diesem Dilemma könnte sein, sich zu befähigen, zukünftige Investitionen selbst zu lenken. So wird das Kapital wieder zu einem Werkzeug in der Hand des Erben. Diesen Weg kann die übergebende Generation zu Lebzeiten unterstützen.

Arno Wittwer* hat einen Teil seines Vermögens in Immobilien investiert. Nachdem seine ältere Tochter Interesse für dieses Gebiet zeigte, hat er begonnen, sie mit dem Thema vertraut zu machen. Er hat sie über seine Investitionen ins Bild gesetzt und sie ausgebildet mit dem Ziel, dass sie dereinst befähigt sein wird, selbst Investitionsentscheide zu fällen. Für die Zeit, die sie aufwendet, wird sie nicht bezahlt. Die Früchte dieser Arbeit wird sie zu einem späteren Zeitpunkt ernten. Diese Anleitung der einen Tochter wurde vorher mit ihrer jüngeren Schwester besprochen, die damit einverstanden war. Sie ist in ihrem Beruf stark engagiert und hat Interessen in anderen Bereichen.

Ralf Baumann* bevorzugt die Vereinfachung. Er möchte es vermeiden, seinen Kindern mit dem Vermögensübergang irgendeine Verpflichtung mitzugeben. Wenn es ihm und seiner Frau bis dahin nicht gelungen ist, die Nachkommen auf einen verantwortungsvollen Pfad zu führen, hätten sie als Eltern eh etwas falsch gemacht. In dieser Situation noch Bedingungen setzen zu wollen, führe zu nichts. Sie trauen ihren Töchtern zu, dass sie dereinst auch mit Bargeld sinnvoll umgehen werden.

DIE WANDLUNG VOM UNTERNEHMER ZUM INVESTOR

Ein Unternehmen zu verkaufen und das Bargeld unter den Nachkommen aufzuteilen, ist ein einschneidender Schritt. Für den Unternehmer Lukas Fischer* ist das so, als würde ein Imker seine Bienenvölker verkaufen. «Was kann man denn noch Besseres machen mit dem Geld, als es in einem gut gehenden Unternehmen zu belassen?», fragt er.

Trotzdem müssen viele Eigentümer das Familienunternehmen verkaufen, wenn kein Nachkomme die Firma übernehmen will oder kann. Unternehmer werden so zu Investoren. Wurde vorher vieles dem Unternehmen untergeordnet, geht es nun darum, das Risiko zu diversifizieren.

Dieter und Daniela Dettwyler* haben vor einigen Jahren ihre Firma verkauft. «Wir leiten jedoch immer noch ein Unternehmen, das Produkt hat sich einfach verändert», sagen sie. Sie fokussieren ihre Aktivitäten jetzt auf Investitionen in Liegenschaften, Unternehmensbeteiligungen, nachhaltige und liquide Anlagen und in einen Agrikulturbetrieb. Sie sehen sich als Unternehmer, die sich nicht mehr auf das operative Geschäft fokussieren, sondern auf eine diversifizierte Tätigkeit. Nach dem Verkauf haben sie mit den Nachkommen mehr über das Vermögen gesprochen als vorher, da es zum ersten Mal sichtbar wurde.

Die Metamorphose vom Unternehmer zum Investor fällt vielen schwer. Sie waren es gewohnt, im Geschäft, das sie in- und auswendig kannten, beträchtliche Risiken einzugehen und Renditen zu erzielen, die mit einer diversifizierten Strategie nicht mehr möglich sind. Sie kontrollierten und koordinierten die Geschäftsprozesse und lösten Konflikte über die Hierarchie, Seniorität und Eigentümerschaft. Entscheidungen innerhalb der Familie brauchen aber in der Regel mehr Zeit und Geduld, und das ist für den ehemaligen Unternehmer ein harter Brocken. Als Investor sind zudem die Möglichkeiten der Einflussnahme, zum Beispiel bei Publikumsgesellschaften, viel geringer. An diese Passivität muss man sich zuerst gewöhnen.

Auch der soziale Status verändert sich. Der Patron wird gegrüsst, der Investor zur Kenntnis genommen. Die hohe emotionale Verbundenheit zur Familienfirma wird durch eine möglichst rationale Diversifikationsstrategie abgelöst. Die Identifikation mit Unternehmen in einem Anlageportfolio ist deutlich geringer.

Die Transformation vom Unternehmer zum Investor ist dann erfolgreich, wenn der Unternehmer bereit ist, sich auf diese fundamental andere Situation einzustellen. Wie so oft sind für die Planung eine frühzeitige Vorbereitung und die Berücksichtigung menschlicher Faktoren notwendig. Vor allem in dieser Situation ist der Family-Governance-Prozess und die Einigkeit über die Art und Weise der interfamiliären Kommunikation wichtig. Es braucht klar definierte Rollen und Verantwortungen innerhalb und ausserhalb der Familie und einen Koordinator, der der Familie die wichtigen Entscheidungsgrundlagen in dieser neuen Situation zur Verfügung stellt.

Tobias Schneider* erwähnt, dass der Verkauf des Familienunternehmens für den familiären Zusammenhalt und für die Fortsetzung von gewissen Werten eine Herausforderung war. Fällt die Führung der Firma weg, verändert sich das Tun und Handeln der Familie. Es wird nicht mehr über die Verwendung des Gewinns, die Reinvestition, die Führung der Mitarbeitenden, die Rolle der Firma in der Gesellschaft und über die Verantwortung gesprochen. Die Bedeutung des Geldes und somit des Materiellen steigt an. Man muss sich nun noch deutlicher fragen, welches die Gemeinsamkeiten der Familie sind. Schliesslich kann die plötzliche monetäre Freiheit der einzelnen Familienmitglieder die Solidarität und den Zusammenhalt innerhalb der Familie gefährden.

WIRKLICH LANGFRISTIG DENKEN LERNEN

Eine der Anlagekategorien, der für die Nachfolge und für das Engagement der Nachfahren ohne unternehmerische Verantwortung eine besondere Bedeutung zukommen kann, ist Private Equity. Private Equity wird definiert als Investition in illiquide Unternehmen. Diese Unternehmen sind nicht an der Börse kotiert und ihre Aktien können somit nicht frei gehandelt werden. Obwohl es sich meist um etablierte Unternehmen handelt, ist das Anlagerisiko durch die Illiquidität höher als bei kotierten Firmen. Neben dem erhöhten Risiko der Anlage und der langen Laufzeit haben Private-Equity-Anlagen den Nachteil, dass die Mindestbeträge, die für solche Investitionen erwartet werden, relativ hoch sind. Damit das Risiko nicht exorbitant hoch ist, entscheiden sich viele Vermögensinhaber, in Private-Equity-Fonds zu investieren. Diese Fonds investieren in mehrere Unternehmen, und sollte eines der Unternehmen notleidend werden, wird der Verlust meist durch Beteiligungsgewinne anderer Unternehmen im Fonds aufgefangen. Da mit demselben Mindestbetrag indirekt in mehrere Unternehmen investiert wird, führt die Investition über einen Fonds weniger schnell zu grossen Klumpenrisiken im Gesamtvermögen.

Die Laufzeit eines Private-Equity-Fonds beträgt meist zehn Jahre und kann in einigen Fällen vom Fondsmanager auch noch um zwei Jahre verlängert werden. Der Manager kauft in der ersten Hälfte der Laufzeit des Fonds die Unternehmen, auf die er sich spezialisiert hat. Um ein Beispiel zu geben: Eine Familienfirma in der Schweiz installiert und wartet Brandschutzanlagen. Die Firmennachfolge ist nicht sichergestellt, es stehen einige Investitionen und Expansionen an, aber dafür fehlt Kapital. Gewisse Strukturen wie Finanzmanagement, Verwaltungsrat und einige Führungspositionen entsprechen nicht mehr den Anforderungen eines Betriebs, der stark gewachsen ist und erfolgreich war. Der Eigentümer verkauft deshalb einen Anteil seiner Firma an den Private-Equity-Fonds und lässt sich durch das Netzwerk und das Know-how dieses Fonds weiter beraten. Eine Firma wird dazugekauft und nach erfolgreichem Auf- und Ausbau kommt es zu einem Verkauf der Firma.

Somit wird der grösste Teil des vom Investor zur Verfügung gestellten Kapitals in der ersten Hälfte der Laufzeit abgerufen, das heisst, der Investor steuert mit anderen Investoren seinen Anteil zum Kauf der Firmen bei, und in der zweiten Hälfte führen Firmenveräusserungen zu Ausschüttungen an die Investoren. Wird ein Private-Equity-Fonds-Portfolio über mehrere Jahre aufgebaut und erfolgen jedes Jahr konstante Neuzeichnungen, kommt der Moment, in dem das Portfolio sich selbst finanziert und ein Teil der Erträge auch bezogen werden kann.

Eine ähnliche Anlageklasse, die für vermögende Familien attraktiv sein kann, sind Investitionen in Jungunternehmen, Risikokapital oder Venture Capital genannt. Sie versprechen, als Beimischung zu traditionellen, börsenkotierten Anlagen, eine hohe Rendite bei hohem Risiko. Was sie aber vor allem auszeichnet, ist das persönliche Engagement, das durch sie möglich ist. In der Schweiz und in anderen Ländern bestehen verschiedene Netzwerke sogenannter Business Angels, die sich bemühen, das Verständnis für diese Anlageform zu fördern und Zugang zu interessanten Start-ups zu ermöglichen. Potenziellen Investoren ist es so möglich, unmittelbar zu den Firmengründern in Kontakt zu treten, interessante Persönlichkeiten, unter denen einige möglicherweise zur Wirtschaftselite von morgen gehören. Die Vor- und Nachteile von innovativen Geschäftsmodellen können mit anderen, erfahrenen Investoren diskutiert werden. Sich an einem Start-up zu beteiligen, bedeutet, nahe am Unternehmertum zu sein, ohne sich persönlich dafür aufopfern zu müssen. Hat man sein Vermögen selbst mit dem Aufbau einer Firma geschaffen, so kann man einer neuen Generation von Unternehmern zur Hand gehen und für ihren Erfolg wertvolle Unterstützung leisten. Selbstverständlich haben auch in dieser Anlageklasse Investoren, die weniger direkt involviert sein wollen und eine bessere Diversifikation suchen, die Möglichkeit, über spezialisierte Venture-Capital-Fonds zu investieren.

Wieso erwähnen wir an dieser Stelle diese Art von Finanzanlage? Wie bei einem Mehrfamilienhaus, das monatlich Mietzinse an den Eigentümer abwirft, kommt es bei einem gut verwalteten Private-Equity-Fonds zu laufenden Erträgen. Aufgrund der langen Laufzeit ist es für die Vermögensinhaber schwierig, sofort aus der Investition auszusteigen oder diese aufgrund einer schlechten Lage der Finanzmärkte panikartig zu verkaufen. Können sich die Nachfahren oder generell die Vermögensinhaber darauf einigen, das Kapital investiert zu halten, vorausgesetzt, es sei gut investiert beziehungsweise gut verwaltet? Investiert bleiben heisst, die Kuh nicht zu schlachten, sondern sich mit der Milch zufrieden zu geben. Das hat den Nachteil, dass der grosse Geldregen nicht auf einmal auf die Erben prasselt, und den Vorteil, dass auch noch in 10 oder 20 Jahren durch diese Art von Investition ein Einkommen erzielt wird. Es bedingt vor allem auch, dass sich Nachfahren, denen diese Art von Vermögen zufällt, zusammensetzen und gemeinsam einen Weg suchen. Es ist einer der möglichen Arten von Zusammenarbeit und Interaktion innerhalb der Familie und deren Nachfahren.

ALTES VERMÖGEN VS. NEUES VERMÖGEN

Viele Familien, die seit mehreren Generationen vermögend sind, leben im Verhältnis zu ihren finanziellen Möglichkeiten relativ bescheiden. Es sind dies meist Familien, die weitergeben wollen, was sie einmal erhalten haben. Die Kinder werden durch die Vorbildfunktion der Eltern beeinflusst. Bei den Vermögensinhabern hat sich eine gewisse Gelassenheit eingestellt. Man hebt sich nicht durch das Vermögend-Sein von den anderen ab – man muss es auch nicht zur Schau stellen, weil die soziale Position bekannt ist. Es spielt dann auch nicht eine grosse Rolle, ob das Vermögen liquid oder illiquid ist. Vielfach sind es in diesen Familien verschiedene Vermögenswerte, die es zu bewirtschaften gilt.

In Familien hingegen, wo der Reichtum erst kürzlich entstanden ist, sorgen sich die Eltern meist, was diese Veränderung für eine Wirkung auf die Nachkommen hat und welches deren Ambitionen sind, an diesem Reichtum teilzuhaben. Selbst die Eltern mögen mit dieser Situation überfordert sein. Die einkommensbedingte Bescheidenheit früherer Jahre wird oft dem *Dazugehören* geopfert. In diesen Familien mag ererbtes Bargeld problematischer sein. Ein Grund dafür ist, dass es vielen Nachkommen nicht möglich ist, in einem ähnlich lukrativen Beruf wie die Eltern tätig zu sein. Sie haben sich jedoch an den Lebensstandard der Eltern gewöhnt und können diesen nur aufrechterhalten, wenn sie neben ihrem Einkommen auf andere Quellen zurückgreifen.

Je nachdem wie das Vermögen der Familie investiert ist, ergeben sich aus unseren Gesprächen die folgenden Tendenzen und Erkenntnisse beim Vermögensübergang:

Altes Vermögen ≥ 3 Generationen	Neues Vermögen < 3 Generationen
Nachkommen erhalten Erträge aus dem Vermögen (wenig Kapitalbezug); sie engagieren sich beruflich ausserhalb des Familienunternehmens; sofern das Unternehmen weiterhin floriert und Dividenden bezahlt werden, ist der Vermögenserhalt wahrscheinlich; die externe Beratung ist meist institutionalisiert; grosse Familienvermögen beschäftigen ein Single-Family-Office	Nachkommen sind direkt im Geschäft engagiert, oft nicht mit dem gleichen Engagement wie die Gründer; Erträge werden reinvestiert, Tendenz jedoch abnehmend; Geschäftsführung/Unternehmensnachfolge und Lebensstil sind entscheidend, ob es das Unternehmen in die 4. Generation schafft (Übergang zu *altes Vermögen*); situationsbedingte externe Beratung
Dynastisches Verhalten verhindert meist den akuten Kapitalbezug; durch gute Ausbildung lernen Nachkommen, für sich selbst zu sorgen; Dividenden/Zinsen aus Finanzanlagen geben finanziellen Spielraum; Kapitalverzehr trotzdem über längere Zeit wahrscheinlich (Fraktionierung des Vermögens); externe Beratung vor allem in der Diversifikation des Vermögens (Risikoreduktion) und in der Family Governance	Einfache Aufteilung des Vermögens an die Nachkommen; Lebensstandard passt sich meist der Vermögens- und nicht der Ertragssituation an; der Ertrag aus der beruflichen Tätigkeit kann mit den Lebenskosten oft nicht Schritt halten; Gefahr des Kapitalverzehrs, Vermögen wird aufgebraucht; externe Beratung kann helfen, sich in eines der drei anderen Felder zu bewegen

■ Hohe Wahrscheinlichkeit des Vermögenserhalts
■ Mittlere Wahrscheinlichkeit des Vermögenserhalts
■ Vermögenserhalt sehr stark abhängig vom Unternehmenserfolg
  Tiefe Wahrscheinlichkeit des Vermögenserhalts

Grafik 1: Tendenzen und Erkenntnisse beim Vermögensübergang
(Quelle: Jorge Frey / Eugen Stamm)

Die Verfasser sind der Meinung, dass eher die Verwendung der Erträge zur Diskussion steht als der Kapitalbezug, wenn mehr als zwei Drittel des Vermögens in langfristigen Anlagen gebunden sind (Unternehmen, Private Equity, Immobilien). Weiter sind sie der Überzeugung, dass *neues Vermögen* zu *altem Vermögen* wird, wenn es an die dritte Generation geht. In vielen Fällen fangen Familien während oder nach der dritten Generation wieder von vorne an. Deshalb unsere Trennung bei ≥ drei Generationen.

«Was schnell kommt, kann auch schnell wieder gehen», steht gegenüber der Aussage: «Was sich über Jahrzehnte entwickelt, steht auf einem soliden Fundament.» Wir glauben, dass die Familie, die erst vor kurzem zu ungebundenem Vermögen gekommen ist, am stärksten gefährdet ist, dieses Vermögen wieder zu verlieren. Sie erlebt einen sozialen Aufstieg, bei dem sich die Ausgaben rasch verselbstständigen. Alle Familienmitglieder gewöhnen sich rasch an den neuen Lebensstandard. Und trotzdem gibt es immer noch andere, die mehr haben. Dieter Thomä[14] formuliert es wie folgt: «Dass der Wohlstand seinen Preis und das Zuckerschlecken einen bitteren Beigeschmack haben kann, dazu haben Psychologen, Ökonomen und Philosophen robuste Erkenntnisse zusammengetragen. Drei Begleiteffekte kann man hervorheben: die Gewohnheit des Genusses; die Wut des Vergleichens; die Angst vor dem Verlust.» Dem Vermögen fehlt die Bodenhaftung. Die Erben eines solchen Vermögens werden Mühe haben, aus eigener Kraft den Lebensstandard aufrechtzuerhalten.

DIE KUNST DES LOSLASSENS

Nachdem die Eltern die Kinder an das Vermögen herangeführt haben, geht es später darum, wie der Übergang stattfinden soll. In der Schweiz hört man oft das Bonmot *mit warmen Händen geben*. Die Eltern übergeben Vermögenswerte bereits vor ihrem Ableben und nicht erst testamentarisch.

Ob sie wollen oder nicht: Eltern verfügen als Vermögensinhaber mit oder ohne Unternehmen über eine Machtposition. Auch wenn die Kin-

---

14 Thomä, Dieter: «Fremdeln mit der Zukunft», in: NZZ, 11. 8. 2014, https://www.nzz.ch/mei nung/debatte/fremdeln-mit-der-zukunft-1.18360161?reduced=true (Zugriff: 23. 1. 2019).

der dafür bereit sein sollten: Das Regeln der Vermögensverhältnisse und daraus folgend die Übertragung zu Lebzeiten an die Kinder kommt für nicht wenige Eltern einem Bedeutungs- und Machtverlust gleich. Vor diesem Hintergrund wird Geld als Steuerungselement missbraucht.

Charles Meyer* erwähnt, dass für einen konsequenten und möglichst reibungslosen Übergang vor allem zwei Voraussetzungen entscheidend sind: Erstens die Einsicht, dass es einen dritten und neuen Lebensabschnitt gibt. Zweitens, dass es im ersten und zweiten Lebensabschnitt darum geht, herauszufinden, was die wirkliche Passion im Leben ist. Eine so packende Passion, dass man im dritten Lebensabschnitt von einem grossen Teil des Vermögens gar nichts mehr wissen will. Der Eintritt in diesen dritten Lebensabschnitt sei für ihn gewesen, wie wenn er nach einem 100-Kilometer-Marsch den Rucksack abgegeben hätte. Und dabei habe er mit seinen beiden Berufungen als Unternehmer und Politiker viel Freude gehabt. Das Loslassen müsse eine wirkliche Zäsur sein, die beiden Generationen zugutekomme: dem Übergebenden, der loslassen kann und darf, und dem Übernehmenden, der übernehmen will und kann. Es herrschten klare Verhältnisse und Verantwortlichkeiten.

Meyer* ist überzeugt davon, dass man nicht zu lange warten sollte, den dritten Lebensabschnitt anzugehen. In einem Umfeld, das sich rasend schnell weiterentwickelt, wird es für eine Person in fortgeschrittenem Alter immer schwieriger, zeitgerecht und fortschrittlich zu handeln. Meyers* dritter Lebensabschnitt begann kurz vor dem Pensionierungsalter. Er hat weder den Zeitpunkt noch die Entscheidung je bereut.

Wenn der Patriarch so lange damit zuwartet, Vermögen und Verantwortung zu übergeben, bis der Nachkomme 60 ist, ist das eine Form der Demütigung. Das lebenslange Warten auf eine Aufgabe wird auch «Prinz-Charles-Phänomen» genannt. Manuel Liatowitsch zitiert seinen Vater, der im Scherz meinte, dass es eigentlich ein Menschenrecht sein sollte, mit 65 Vollwaise zu sein.

So wie es zu spät sein kann, war es für Josiah Hornblower zu früh (siehe Kastentext S. 27. Die Übergabe von grossen Summen an Vermögen überfordert einen 18-jährigen Nachkommen. Bei Josiah führte es direkt in die Identitätskrise.

Das Unternehmerehepaar Ludwig und Susanne Graber* baut mit viel Einsatz und Arbeit ein technisches Unternehmen auf, das sich rasch entwickelt. Sie gründen nach den ersten Geschäftsjahren eine Familie. Durch die sich stetig bessernde Einkommens- und Vermögenssituation zählen sie schon bald zur gehobenen Gesellschaft. Die beiden Kinder werden erwachsen und gründen ihre eigenen Familien. Den Lebensstil, der sich vor allem durch die bevorzugte Wohnsituation, Auslandsreisen und andere gesellschaftskonforme Auslagen auszeichnet, können die Nachkommen jedoch nicht aus eigenen Mitteln finanzieren. Grabers* haben den Kindern, abgesehen vom Kauf der Liegenschaft, nie grössere Summen zur eigenen Verwaltung übergeben. Sie springen aber immer wieder ein, wenn es darum geht, Kreditkartenschulden zu begleichen, das gewährte Darlehen inklusive Zinsen für einen Geschäftsaufbau zu erlassen oder den Kauf eines Reitpferds zu finanzieren. Über die Jahre kommt es so zu einem Abhängigkeitsverhältnis. Das Unternehmen wird nach der Pensionierung der Eltern verkauft, nachdem gewiss wurde, dass niemand der Familie das Geschäft übernehmen konnte oder wollte. Die Töchter sind mittlerweile über 50-jährig, haben mehrere Kinder und eine Tochter auch bereits ein Enkelkind.

Ludwig und Susanne Graber* sind nach wie vor das Zentrum der expandierenden Familie. Alle sind ihnen zugeneigt, und sie werden regelmässig besucht. Es ist aber auch so, dass ihre direkten Nachkommen das Geld heute besser brauchen könnten, als wenn es irgendeinmal zum offiziellen Erbgang kommt. Es ist eine groteske Wartehaltung: «Sind die Eltern tot, kommt das Geld.» Ist das wirklich die Ausgangslage, die sich Eltern und Nachkommen wünschen?

Der Berater der Familie schlägt vor, dass die Eltern noch zu Lebzeiten sinnvolle Beträge an ihre Töchter überweisen, die nicht an Bedingungen gekoppelt sind.

Ganz anders verläuft die Geschichte der kinderreichen Unternehmerfamilie Furrer*, die einen bescheidenen Lebensstil führt. Dem Unternehmertum wird fast alles untergeordnet. Der Eigentümer übergibt nach langer und äusserst erfolgreicher unternehmerischer Tätigkeit die Führung und Mehrheit der Aktien der einzelnen Unternehmen in der Familienholding an drei Kinder und lässt die anderen sich daran beteiligen. Bei wertemässigen Ungleichheiten wird mit anderen Vermögenswerten ausgeglichen.

Der Vater übergibt lediglich die Verantwortung, verschenkt aber nicht das Vermögen. Er bietet jedem Kind ein Darlehen an, um die Aktien der entsprechenden Firma zu kaufen. Die Kinder verpflichten sich, das Darlehen innerhalb einer bestimmten Zeit aus den Gewinnen und Dividenden der Unternehmen zurückzuzahlen. Sie sind damit verpflichtet, den Geschäftsgang der Unternehmen zumindest zu halten, aber besser noch, zu steigern. Jahre später haben die Kinder die Darlehen zurückbezahlt. Sie sind damit nicht nur die legitimen Nachfolger geworden, sondern haben auch bewiesen, dass sie unternehmerisch in die Fussstapfen des Vaters treten können.

VERMÖGENSAUFBAU AN DER FAMILIE VORBEI

Der auf der Titelseite zu Kapitel 4 zitierte Douglas Tompkins hat sich entschlossen, sein ganzes Geld in gemeinnützige Projekte zu investieren und seinen Kindern nichts zu hinterlassen, weil er glaubt, dass geerbter Wohlstand nicht gut ist. Den Verfassern dieses Buches ist nicht bekannt, wie seine Kinder mit diesem Entschluss umgegangen sind. Wir gehen aber davon aus, dass Tompkins Kinder auch während des Vermögensaufbaus Teil seines Lebens waren. Sofern geerbter Wohlstand nicht gut ist, ist es dann besser, alles Geld an Dritte zu übergeben? So wie grosse Vermögen die Erben überfordern können, kann das komplette Übergehen mangelnder Anerkennung gleichgesetzt werden. Nicht wenige Nachkommen werden sich fragen, ob der Vater oder die Mutter ihnen nicht zutraute, damit umgehen zu können. Und sofern das wirklich so ist, was ist die Verantwortung der Eltern, ihre Kinder nicht auf das Erbe vorbereitet zu haben?

In einer anderen Familie vermachte der Erblasser zu Lebzeiten ebenfalls sein gesamtes Vermögen einer gemeinnützigen Stiftung. Das Verhältnis zwischen den Generationen war so zerrüttet, dass man sich konstant aus dem Weg ging und auch nicht mehr an den Trauerfeiern teilnahm, wenn eines der Familienmitglieder starb.

Aus Überzeugung investieren Dieter und Daniela Dettwyler* im Jahr 2005 in erneuerbare Energie. Sie beschaffen sich Fachliteratur und lassen sich von Spezialisten beraten. Deutschland ist ein Pionier in diesem Bereich. Also entschliessen sie sich, im Gebiet Brandenburg eine Windkraftanlage zu kaufen. Die Investition soll langfristigen Charakter haben. Ohne sich dessen zum Zeitpunkt des Kaufs bewusst zu sein, wird diese Investition Einfluss auf den Vermögensübergang an ihre Nachkommen haben. Es dauert seine Zeit, bis die Anlage den gewünschten Ertrag abwirft, auch wegen der Wechselkursentwicklung. Da das Ehepaar Dettwyler* nicht auf die Erträge angewiesen ist, halten sie nicht nur an der Anlage fest, sondern bauen ihr Engagement in Windkraftenergie aus.

Einmal im Jahr besuchen sie die Verwaltung, den Betreiber der Anlage und die Installationen. Nach zehn Jahren werden die ersten Nettoerträge erzielt. Die Nachkommen Theo, Ursina und Bettina werden zu diesem Zeitpunkt gerade an das Vermögen herangeführt. Die Eltern schlagen ihnen in diesem Prozess eine Reise nach Deutschland vor, um die Anlagen gemeinsam mit dem Beraterteam des Family Office zu besuchen. Die Nachkommen und das Family Office lernen nicht nur die verantwortlichen Personen vor Ort kennen, sondern lassen sich auch mit dem Personenfahrstuhl auf die kleine Plattform auf 100 Meter Höhe hochfahren. Sie lernen, wie die Anlage funktioniert, wie es sich mit den Einspeisevergütungen verhält und wie es innerhalb eines Windparks zu Windabschottung kommen kann. Die Administratorin informiert über die finanziellen Aspekte und der Betreiber über die technischen und regulatorischen Eigenheiten. Nach dem Besuch in Brandenburg diskutiert die Familie, was mit den mittlerweile aufgelaufenen Erträgen geschehen soll. Da sich die Nachkommen nun konkret vorstellen können, was es heisst, in diesem Bereich investiert zu sein, entscheiden sie mit den Eltern, dass die Erträge wieder in Windkraft reinvestiert werden sollen. Sie fühlen sich befähigt, mithilfe des Family Office diese Investition weiterzutragen, auch wenn sich ihre Eltern dereinst nicht mehr darum werden kümmern können.

5 VON GENERATION ZU GENERATION

«Die Mehrheit der Baby-
boomers vertritt die Meinung,
dass materielle Geschenke
an die Kinder ein Ausdruck
von Zuneigung und Liebe
sind, während ein Drittel der
Millennials darin den Versuch
der Eltern sieht, die Kinder
zu kontrollieren oder zu
beeinflussen.»

Wells Fargo Financial Health Survey, 2014, S. 3; übersetzt von J. Frey

«Die erste Liebe zu sich selbst
wie zu den Menschen liegt im
Willen zu verstehen, bevor man
urteilt und entscheidet.»

Hans Widmer, in: NZZ, 21. 8. 2018, S. 35

DIE GENERATIONEN UNSERER ZEIT

«Unsere Kinder sollen es einmal besser haben.» Diese Aussage stammt aus vergangenen Zeiten, als nach dem Zweiten Weltkrieg ein langer wirtschaftlicher Aufschwung begann. In den meisten Familien arbeiteten die Väter in der Landwirtschaft oder in der Industrie und nicht in einem Büro wie heute. Sie waren Bauern, Käser oder Metzger, verdienten ihr Geld in einer Fabrik, produzierten oder verkauften Uhren, Maschinen und Medikamente. Die Arbeit war meist kräftezehrend. Liquides Vermögen war höchstens in Form eines Sparbuchs vorhanden, aber es ging stetig aufwärts. Der Anreiz, weiterzukommen, war gross. Weiterkommen bedeutete besser ausgebildete Nachkommen, die einen verantwortungsvollen Beruf ausüben, der ihnen gefällt, und sich auch finanziell mehr leisten können als die vorangehende Generation. Die Kinder sollten nach gängigem Schema erfolgreicher sein als ihre Eltern.

Für jede weitere junge Generation wird es schwieriger, sich das Leben dieser Nachkriegsgeneration vorzustellen. Für diese wiederum ist es auch nicht einfach, zu verstehen, was die Millennials beschäftigt. Um das Verständnis füreinander zu schärfen, hilft es, dass sich jedes Familienmitglied auch mit den anderen Generationen beschäftigt. Im Zusammenhang mit der Vermögensübergabe und -übernahme ist dies ein wichtiger Prozess. Jede Generation pflegt unterschiedliche Werte, Lebensformen und Arten des Zusammenlebens. Sie sind ein Resultat des Umfelds, in dem die Menschen aufwachsen.

Die folgende Aufstellung soll verdeutlichen, wie sich die Rahmenbedingungen und die Lebensumstände der einzelnen Generationen unterscheiden. Wenn jede Generation versucht zu verstehen, was die ihr vorangehende oder die ihr nachfolgende Generation prägt, ist es eher möglich, eine familiäre Gesprächskultur zu schaffen, bei der jeder zu Wort kommt. Solche Familien werden sich sowohl auf gemeinsame Werte einigen können wie auch respektieren, wenn jemand einen anderen Weg einschlägt.

	Traditionalisten	Babyboomer	Generation X	Millennials Generation Y	Digital Natives Generation Z
Zeitperiode	vor 1945	1946–1960	1961–1980	1981–1995	nach 1996
Wirtschaftliches und politisches Umfeld und soziale Einflüsse	Depression Zweiter Weltkrieg politische Polarisierung Existenzbedrohung Bedürfnis nach Schutz und Sicherheit	industrielle Moderne Kalter Krieg Aufbruch von Konventionen Dualismus Gut vs. Böse Zugehörigkeit und Netzwerke geburtenstarke Jahrgänge	Energiekrise Medialisierung PC im Haus Börsencrash Patchworkfamilien Kampf um Gleichberechtigung «No-Future» Weiterhin geburtenstark	Kommunismus implodiert Internet explodiert Globalisierung Punktuelle politische Aktivität Immigration Finanzkrisen und Immobilienboom Geburtenrückgang steigende Lebenserwartung Klimawandel Belastung durch Generationenvertrag	sehr starke globale Vernetzung Digitalisierung zunehmend instabiles Ökosystem Alterung der Gesellschaft *Paradox of choice*
Schweizer Erwerbstätige nach Sektoren	industrielles Zeitalter	industrielles Zeitalter	tertiärer Sektor wächst, primärer Sektor schrumpft	tertiärer Sektor dominant; Beginn digitales Zeitalter	tertiärer Sektor 70%; primärer Sektor noch knapp 4%
Arbeitsmentalität	hohe Arbeitsethik Loyalität Produktivität Pünktlichkeit Inhalt der Arbeit sekundär	zuerst die Arbeit, dann das Vergnügen Arbeitsplatzsicherheit Überstunden Ziele setzen Aufsteigen	Netzwerk Teamwork Karriere machen Zeit effizient einsetzen	Wert auf Flexibilität/ Freiheit, wo, wann und wie gearbeitet wird Verdienst beeinflusst Arbeitseinsatz tiefe Loyalität zur Firma	Was macht Sinn? Wofür soll ich mich einsetzen Was brauche ic für mein Leber

Grafik 2: Rahmenbedingungen und die Lebensumstände der einzelnen Generationen (*Quelle: Darstellung und Inhalt durch die Verfasser; die Einteilung vom Traditionalisten bis zu Digital Natives basiert auf der Marketingzeitschrift* Advertising Age *und anderen Quellen.*)

	Traditionalisten	Babyboomer	Generation X	Millennials Generation Y	Digital Natives Generation Z
eitperiode	vor 1945	1946–1960	1961–1980	1981–1995	nach 1996
nteraktion am rbeitsplatz	hierarchisches Modell Autoritär Gehorsam	vorwiegend hierarchisch moderate partizipative Stile	hoher Grad an Zusammenarbeit direkte Kommunikation	sehr hohe Interaktion über alle Stufen Mitarbeit anstelle von Für-jemanden-arbeiten mobiles Arbeiten	Interaktion über elektronische Medien anti-hierarchisch Arbeitsgruppen
Verte, Ilgemeine timmung	Disziplin Pflichtbewusstsein Familie Religion Engagement für die Gesellschaft	Leistungswille Optimismus persönliches Wachstum Redlichkeit Verbindlichkeit	Karriere und Work-Life-Balance Diversität Experimentieren Anders-sein-wollen	Eigenfokus Nachhaltigkeit think local act global Vieles hinterfragen (Y=why?) Technologie als Grundbedürfnis	Ausbildung verlässliche Freunde Treue guter Ausgleich zwischen Arbeit und Freizeit dezentes politisches Engagement (ausser Umwelt und Gleichstellung) eher konservativ, bewahrend Angst vor Verlust
nanzielle rundhaltung d Ausgangs- ge	kein Vermögen Einkommen deckt Kosten kein Zugang zu Kapital Eigenheim als Lebensziel	ein Teil des Einkommens dient dem Sparen Hypothekarschulden beginnender Konsum	erhöhter Konsum Erbschaften gewinnen an Bedeutung Bildung von Vermögen	Wie viel Geld brauche ich und was muss ich dafür tun?	Eltern finanzieren Kinder neue Arten von Kapitalbeschaffung (Crowdfunding)
ominante ommunika- nsmittel	Telefon und Radio	Telefon und Fernseher	Telefon und Schreibtischcomputer	Laptop, Smartphone, SMS	schnell wechselnde soziale Medien und Portale
ussagen	Wann kommt der nächste Krieg?	Arbeiten und Sparen	Das Leben auch geniessen können	Was mach ich mit meinem Leben?	Was läuft gerade jetzt? «live your dreams»

Es fällt auf, dass in der heutigen Zeit vor allem die Millennials enormen Veränderungen ausgesetzt sind. Sie sind das Bindeglied zwischen alter und neuer Welt. Sie werden die Pensionen der geburtenstarken Jahrgänge zu finanzieren haben, bestimmen zunehmend Wirtschaft, Politik und Kultur und werden auch altersbedingt in der Übernahme von Vermögen eine wichtige Rolle spielen. Die Herausforderungen für diese Generation sind enorm. Sind sich Eltern, deren Kinder Millennials sind, dessen bewusst?

Obwohl die Unterschiede zwischen den Generationen immens und Millennials noch auf der Suche nach der geeigneten Lebensform sind: Ohne Fleiss wird es nicht gehen. Die Frage, was er gemacht hätte, wäre er in ein ärmliches Umfeld hineingeboren worden, beantwortet der bereits erwähnte Unternehmer Charles Meyer*, der in den letzten Jahren der Traditionalisten geboren wurde, wie folgt: «Ich hätte mir ein Häuschen gezimmert und versucht, die besten Marroni[15] der Stadt zu braten. Ich hätte sechzehn Stunden pro Tag gearbeitet, bei jeder Jahreszeit. Dann hätte ich mit dem verdienten Geld ein zweites Häuschen gebaut, an guter Lage aufgestellt, die besten Marroni der Stadt gebraten und …» Meyers* Augen beginnen zu funkeln. Wir glauben ihm jedes Wort.

Die gleiche Frage haben die Verfasser Timo* und Sophie*, den Nachkommen zweier voneinander unabhängiger, gut situierter Familien, gestellt. Beide sind in den ersten Jahren der Generation Digital Natives geboren und vor kurzem volljährig geworden.

Timo* antwortet wie folgt: «Ich kann mir gar nicht vorstellen, wie es ist, in einem ärmlichen Umfeld aufzuwachsen. Nach Abschluss des Gymnasiums habe ich ein Jahr Auszeit genommen. Ich wollte herausfinden, was ich mit meinem Leben tun will. Ich weiss, dass das eine komfortable Ausgangssituation ist. Mein Vater stand durch seine berufliche Tätigkeit immer wieder mit Musikern aus dem Ostblock und Asien in Kontakt. Er war fasziniert davon, wie diese angehenden Künstler zwölf bis dreizehn Stunden pro Tag übten, vielfach ohne Unterbruch und ohne etwas zu essen. Sie waren getrieben, besser zu sein als die anderen. Es war für sie eine der wenigen Möglichkeiten, aus ihrem so-

---

15 Schweizerdeutsch für Kastanien; von ital. *marrone*, Esskastanie.

zial tiefer gestellten Kreis auszubrechen. Obwohl mich diese Haltung beeindruckt, ist sie mir fremd. Als Schweizer ist es wenig wahrscheinlich, dass ich einmal Hunger leide oder durchs soziale Netz falle.»

Sophie*, die in Kürze das Gymnasium abschliessen wird, denkt lange nach und sagt dann das Folgende: «Ich würde so rasch als möglich meiner Familie nicht mehr zur Last fallen wollen und selbstständig werden. Ich würde noch mehr als bisher beim Catering Service arbeiten und auch mehr in der ZB [Zentralbibliothek in Zürich, Anm. d. Verfasser] lernen, da ich davon ausgehe, dass es zu Hause nicht viel Platz gäbe und man sich nicht so gut konzentrieren könnte. Mich in der Schule mehr anstrengen und das Beste aus mir herausholen. Ich frage mich auch, ob meine Eltern mehr Streit miteinander hätten, müssten sie sich täglich um Geld sorgen. Ich weiss es nicht, aber ja, dieser Drang, möglichst schnell selbstständig zu sein, der wäre viel stärker als heute.»

Die Schweiz ist nach wie vor ein Land mit ausgeprägtem Unternehmergeist. Was braucht es, um ihn aufrechtzuerhalten und den jüngeren Generationen mitzugeben? Das werden sich insbesondere Eltern mit Vermögen fragen. Die privilegierte Situation, in der ihre Nachkommen aufwachsen, ermöglicht es ihnen nämlich, getrost Risiken einzugehen. Grosser Wohlstand kann aber auch den Ehrgeiz ersticken – warum sollte man sich noch anstrengen, wenn man es so gut hat?

GRUNDSÄTZE DER KOMMUNIKATION

Was ist für eine Kommunikation zwischen den Generationen hilfreich? Welche Verhaltensformen und Aufgaben sind für den Dialog zuträglich? Dennis T. Jaffe von Wise Counsel Research[16] spricht von einem Puzzle, in dem jedes Familienmitglied innerhalb der Familie als Puzzlestein Teil des Gesamtbilds wird. Die Puzzlesteine sind dabei alle etwa gleich gross, aber sie sind unterschiedlich geformt.

Für die Kommunikation in der Familie ist es hilfreich, wenn die ältere Generation der jüngeren folgende Fragen beantwortet:

---

16 Jaffe, Dennis, Wise Counsel Research, in cooperation with Merrill Lynch and U. S. Trust, *Resilience of 100-year Family Enterprises*, CreateSpace: Milton 2018.

- Wie hat sie Verantwortung übernommen und was hat sie dabei gelernt?
- Welche materiellen und immateriellen Werte hat sie von ihren Vorfahren übernommen und welche Werte will sie weitergeben?
- Wie will sie die jüngeren Generationen bei der persönlichen Weiterbildung unterstützen?
- Wie will sie den intergenerationellen Austausch fördern?
- Welches emotionale Engagement bringt sie mit und wie wichtig sind ihr solche Fragen?
- Welchen Freiraum will sie den Nachfahren in ihrem Tun und Handeln lassen, auch wenn sie davon nicht restlos überzeugt ist?

Arno Wittwer*, der am Ende der Generation der Babyboomer geboren wurde, vergleicht den Übergang von Vermögen und Verantwortung mit der Steuerung eines Familienschiffs. Während das Schiff fährt, finden auf seinem Deck Bauarbeiten statt. Die jüngere Generation übernimmt für diese Arbeiten das Zepter. Obwohl die ältere Generation es anders angehen würde, lässt sie den Nachkommen freie Hand – es sei denn, sie würde etwas wirklich Gefährliches versuchen, wie etwa, das Schiff kentern zu lassen.

Die junge Generation soll also durchaus finanzielle Entscheidungen treffen dürfen. Ihre Tragweite bleibt aber begrenzt; zu viel wird nicht aufs Spiel gesetzt. Sonst wäre ein Misserfolg nicht nur finanziell, sondern auch psychologisch zu gravierend. Scheitern soll man behutsam lernen dürfen.

So ergeht es Ralf Baumann* beim Übergang der Firma von seinem Vater an ihn. Einer der kleineren Geschäftszweige des Unternehmens ist seit längerem notleidend. Baumann* versucht den Turnaround. Er informiert den Vater über seine Absichten und über die notwendige Investition. Dieser glaubt zwar nicht an eine Rettung, lässt seinem Sohn aber freie Hand. Der Vater weiss auch, dass diese Investition für die Firma nicht existenzbedrohend ist. Obwohl sich der Sohn sehr bemüht, ist der Geschäftszweig nicht zu retten. Die Investition wird abgeschrieben. Der Vater macht seinem Sohn keine Vorwürfe. Die Firma wächst unter der Leitung des Sohns stark und ist nach wie vor sehr erfolgreich.

Auf welche Fragen kann die jüngere Generation Antworten suchen, um zu einem konstruktiven Verlauf des interfamiliären Dialogs beizutragen?

– Was haben die Generationen vor mir erlebt und wie ist meine Familie zu Vermögen gekommen?
– In welchem Bereich des Familienvermögens möchte ich Wissen aufbauen und wie möchte ich mich weiterentwickeln?
– Wo sehe ich Chancen und Opportunitäten für unsere Familie?
– Welche Veränderung innerhalb der Familie möchte ich erwirken oder unterstützen?
– Mache ich von meinem Stimmrecht innerhalb der Familie Gebrauch?
– Folge ich den Einladungen an die Familiensitzungen und haben sie für mich Priorität?
– Kann ich auch offen und klar mitteilen, wenn ich nicht mitmachen möchte?

Theo*, der Sohn von Dieter und Daniela Dettwyler*, ist Ingenieur ETH und hat vor Jahren begonnen, sein angespartes Kapital anzulegen. Durch seinen Beruf kommt er immer wieder in Kontakt mit Jungunternehmern, die Kapital für den Aufbau ihrer Firmen suchen. Theos* Eltern haben durch ihre langjährige unternehmerische Tätigkeit Gelegenheit, in solche Unternehmen zu investieren oder sich an Entwicklungsprojekten zu beteiligen. Sie möchten sich zusehends aus der Betreuung dieser Projekte zurückziehen. Theo* ist interessiert, sich in diesem Bereich stärker für die Familie zu engagieren. Das Family Office seiner Eltern vermittelt ihm das nötige Wissen. Theo* nimmt zudem an Investorenkonferenzen teil. Mit dem Family Office analysiert er nun seit zwei Jahren die aktuellen Beteiligungen und entscheidet mit, ob neue Investitionen getätigt werden. Der Aufwand für Theo* hält sich mit dem Family Office in einem überschaubaren Rahmen und lässt sich mit seiner beruflichen Tätigkeit gut vereinbaren.

Aus Sicht der Nachkommen ist es oft nicht einfach, vom Recht, nicht mitmachen zu wollen, Gebrauch zu machen. Manchmal lässt die ältere Generation ihnen aber keine andere Wahl. So ergeht es Maurice Steiner*, dem ältesten Sohn einer Unternehmerfamilie. Ihm wird bewusst, dass sein Vater nicht loslassen kann. Dieser macht keine Anstalten, die Verantwortung an den Sohn und dessen Geschwister zu übergeben. Zudem sind die Zerwürfnisse innerhalb der Familie zu gross. Also wandert Steiner* aus der Schweiz aus, macht sich selbstständig und produziert Lebensmittel. Später verschlechtert sich der Geschäftsgang der Firma seines Vaters und er ist gezwungen, diese zu verkaufen. Nach vielen Jahren kehrt Steiner* in die Schweiz zurück, ohne sein unternehmerisches Standbein im Ausland aufzugeben. Die Lehrjahre dort hat er in sehr guter Erinnerung. Er sagt, in seiner Situation sei es das einzig Richtige gewesen, das berufliche Glück weit entfernt von seinen familiären Wurzeln zu suchen. Die Menschen im Ausland hätten ihm gegenüber keine Vorurteile gehabt. Sie kannten seine Familiengeschichte und seine privilegierte Situation nicht. Er war einer von ihnen und konnte neu anfangen.

Vorbildlich sind Familien, die über Vermögen, Werte und Verantwortung einen Dialog führen und auf gemeinsame Entschlüsse auch Taten folgen lassen. Das zeigt das Beispiel der Familie Isler*: Die jüngste Tochter Giulia* will sich selbstständig machen und braucht dazu Investitionskapital. Also muss sie ihren Businessplan an einer Familiensitzung vorstellen. Die Mitglieder diskutieren ihn gemeinsam, die Tochter muss viele Fragen beider Generationen beantworten. Am Schluss entscheidet die ganze Familie, ob sie ihr die erforderlichen Mittel aus dem Familienvermögen zur Verfügung stellen will. Sie konsultiert ihr Leitbild, ob und was in einem solchen Fall eines Vorbezugs an andere Nachkommen ausgeschüttet wird. Obwohl es viel einfacher wäre, das Projekt von Giulia* rasch durchzuwinken und «Vertrauen» in ihre Fähigkeiten zu haben, hat dieser sorgfältige Prozess seine Berechtigung. Giulia* weiss, dass ihr kritische Fragen gestellt werden. Wenn sie bestehen will, muss sie sich gut vorbereiten. Weiter können die Einschätzungen und Meinungen der ihr – hoffentlich – gut gesinnten Familienmitglieder mithelfen, dass ihr Start-up zum Erfolg wird oder aber dass sie einige wichtige Themen nochmals überdenkt und einen neuen, angepassten Antrag macht.

Familien sollten sich konsequent an die gemeinsam vereinbarten Regeln halten. Kommt es aus irgendwelchen Gründen zu Abweichungen, wird das im Beisein der ganzen Familie besprochen. Die Familie als Institution gewinnt so an Integrität und Glaubwürdigkeit. Die jüngeren Generationen stärken damit ihre Stellung und fördern ihre eigene Weiterentwicklung.

Den Eltern liegen in dem obenerwähnten Prozess die folgenden Fragen am Herz: Wie können wir die jüngere Generation bei der persönlichen Weiterbildung unterstützen? Welchen Freiraum wollen wir ihrem Tun und Handeln lassen, auch wenn wir nicht restlos davon überzeugt sind? Die Kinder fragen sich beim Business case ihrer Schwester: Wo sehe ich Chancen und Opportunitäten für unsere Familie, für meine Schwester? Welche Veränderung innerhalb der Familie möchte ich erwirken oder unterstützen?

Manchmal weichen Eltern von den vereinbarten Regeln ab, weil eines der Kinder gerade in einer schwierigen Situation steckt. Um sie zu lindern, verteilen sie eigenmächtig Geld. Sie kontrollieren damit den Prozess und entmündigen die anderen Familienmitglieder. Es scheint ihnen weniger unangenehm, auf diese Art zu helfen, statt die Situation in der nächsten Familiensitzung einzubringen, zu präsentieren und gemeinsam zu entscheiden. Wenn immer wieder der gleiche Nachkomme Geld bezieht, weil er es braucht, ist der Zwist mit Geschwistern vorprogrammiert. Dabei wäre es erwachsenen Kindern durchaus zumutbar, ohne materielle Unterstützung und elterliche Einflussnahme den eigenen Weg zu finden. Bevor man sich erweichen lässt, soll man sich Folgendes fragen: Will man helfen, um ernsten Schaden zu vermeiden oder weil man sich für einen Misserfolg des Nachkommen vor seinem eigenen, leistungsorientierten Umfeld schämt?

Und dann sind es plötzlich die Nachkommen, die den Eltern zeigen, wie eine festgefahrene Situation entflochten werden kann. So wie in der Familie von Lukas Fischer*: Die zweite Generation hat die 50 weit überschritten und seit Jahren gärt es untereinander. «Wenn die Alten dumm tun, macht halt die junge Generation ein Familienfest.» Die Cousins und Cousinen nehmen das Heft in die Hand und wollen von den Streitereien der Alten gar nichts wissen. Interessant ist, dass die Alten der Einladung folgen, um sich vor ihren Nachkommen keine Blösse zu geben.

DIE ENTSCHEIDENDEN JAHRE

In einem gut situierten Umfeld aufzuwachsen bedeutet nicht automatisch, dass man lernt, dem Vermögen und den Dingen im Allgemeinen Sorge zu tragen. Verschwenderisch zu sein, kann man sich in solchen Kreisen ja eher leisten. Kurt Schenker* sagt dazu, wer bis 15 nicht gelernt habe, sorgsam mit Wertgegenständen umzugehen, werde es auch später nie lernen. Den Eltern kommt somit in dieser Phase eine wichtige Rolle zu, die Präsenz verlangt.

Das erste eigene Geld zu verdienen, ist ein weiterer Meilenstein in der Entwicklung der Nachkommen. Auch wenn es objektiv gesehen nicht nötig wäre, zu arbeiten, ist dies ein bedeutender Schritt in der Entwicklung zu einem selbstständigen Menschen. Als 14-Jähriger wünscht sich Paul Gattiker* von seinen Eltern eine Skijacke und -hose. Sein Vater schlägt ihm vor, während der Sommerferien einen Job zu suchen. Bei einer Lebensmittelfirma macht er Botengänge und hilft beim Ein- und Ausladen der Ware. Nach drei Wochen hat er das Geld zusammen. Gattiker* kann noch heute – Jahrzehnte später – die damalige Skiausrüstung im Detail beschreiben und schwärmt vom Gefühl, sich im Sportgeschäft mit dem selbst verdienten Geld einen Wunsch erfüllen zu können.

Arno Wittwer*, Vater von zwei erwachsenen Töchtern, sieht die Jahre zwischen 18 und 25 als entscheidend für die Entwicklung zur Eigenständigkeit an: «Als Eltern sollte man die direkten Nachkommen weder kommandieren, kontrollieren noch korrigieren. Dies ist die Phase, in der sie ihre eigenen Werte und ihre eigene Welt aufbauen. Sie gehen auf Konfrontation mit dem Elternhaus, haben eigene Freunde, beschäftigen sich mit der Ausbildungs- und Berufswahl, gehen erste Partnerschaften ein, reduzieren den Kontakt zum Elternhaus und entwickeln ihre eigene Persönlichkeit. Für die Eltern ist das somit die entscheidende Phase des Loslassens. Schaffen sie es nicht, wird es für den jungen Erwachsenen schwierig, seine eigene Persönlichkeit zu entwickeln. In vermögenden Familien kann es zudem fatal sein, wenn die Kinder mit finanzieller Unterstützung der Eltern auch im Erwachsenenalter in deren Abhängigkeit bleiben. Eine Abhängigkeit, die sie nur noch schwer loswerden.

Obwohl in vorangehenden Kapiteln von den meisten Gesprächspartnern erwähnt wurde, dass man die Nachfahren ab 18 Jahren an das Vermögen heranführen sollte, sei die Frage erlaubt, ob man diesen Schritt nicht besser nach 25 Jahren unternimmt. Wie im letzten Abschnitt erwähnt, sind die Entwicklungsschritte eines Menschen zwischen 18 und 25 Jahren enorm. In der Phase der Selbstfindung und eigenen Festigung mag die Beschäftigung mit Vermögenswerten störend sein. Der Weg zum selbstbestimmten Leben sollte durch eine solche Ablenkung nicht gestört werden. Und dann ist jeder Nachkomme auch wieder anders.

Im Buch *Family Legacy and Leadership*[17] empfehlen die Autoren Daniell und Hamilton, dass je nach Alterskategorie der Nachkommen auf die folgenden Fragen Antworten gefunden werden sollten:

...ste Phase: ...10 Jahre	Zweite Phase: 11–20 Jahre	Dritte Phase: 21–30 Jahre	Vierte Phase: 31–40
...as sind unsere ...erte?	Wie wird Geld verdient?	Was ist die Struktur unseres Familienvermögens?	Möchte ich eine Familie gründen?
...as bedeutet ...rmögen für uns?	Was machen wir/was mache ich mit dem verdienten Geld?	Wie kann ich selbst Geld verdienen? Was lerne ich?	Kann ich meinen Lebensunterhalt selbst bestreiten?
...e geben wir ...ld aus?	Was ist ein Budget?	Wie gestalte ich mein Budget aus und wie lebe ich damit?	Habe ich den Beruf gewählt, der meinen Eignungen entspricht?
...s macht man mit ...m Taschengeld?	Wie werden Schulden zurückbezahlt?	Wie organisiere ich meine Mobilität und meine Wohnsituation?	Setze ich mich dort ein, wo ich mich identifizieren kann?
...s geht zurück an die ...sellschaft/Gemein-...zigkeit?	Wie teilen wir mit sozial schlechter gestellten Klassen?	Was und wie trage ich zum Gemeinwohl bei?	Wie gebe ich meine Werte weiter?

...ik 3: Fragen an die Nachkommen (*Quelle: Daten aus Daniell/Haynes 2010; eigene Darstellung.*)

---

17 Daniell, Mark Haynes; Hamilton, Sara S., *Family Legacy and Leadership*, John Wiley & Sons: Singapore 2010, S. 53/54. Die Tabelle wurde von den Verfassern aus dem Englischen übersetzt und auf Schweizer Verhältnisse angepasst.

Unter unseren Gesprächspartnern bestand Konsens darüber, dass die Nachkommen schon recht früh einzubinden sind. In Unternehmerfamilien geschieht das auf spielerische Art und Weise, indem die Kinder mit 13 bis 14 Jahren in den Schulferien im Unternehmen einfache Arbeiten ausführen und sich dabei ein Taschengeld verdienen. Manche absolvieren nach Erreichen der Volljährigkeit ein Praktikum. Das hat in den meisten Fällen nichts damit zu tun, den Weg in das Familienunternehmen vorzubereiten, sondern soll vermitteln, dass auch im Unternehmen der Eltern für den Lebensunterhalt gearbeitet wird und dass es verschiedene Berufe gibt. Diese Art, das erste Geld zu verdienen, ist auch bei Familien ohne unternehmerischen Hintergrund beliebt. Wie bereits erwähnt, hat selbst verdientes Geld einen anderen Wert als geschenktes Geld. Kindern, denen man den Umgang mit Geld beibringt, werden später eher fähig sein, damit umzugehen. Gegenseitiges Vertrauen ist die Basis dazu.

Die detaillierte Information über die gesamte Vermögenssituation der Familie erfolgt in der Regel aber selten vor dem 25. Geburtstag der Nachkommen. Es erscheint sinnvoll, die Nachkommen in der Phase der Selbstfindung nicht mit Details zur Vermögenssituation zu überfordern oder abzulenken. Christian Haas* hat keinen genauen Plan, wie er seinen Sohn an das Vermögen heranführen möchte. Er hat noch Zeit, sein Sohn geht erst in die 7. Klasse. Rückblickend ist er dankbar, dass er selbst vor 30 keine finanzielle und operative Verantwortung habe übernehmen müssen. Er wäre schlicht und einfach überfordert gewesen.

In der Praxis ist eher das *zu spät* ein Problem als das *zu früh*. Manuel Liatowitsch, Partner der Anwaltskanzlei Schellenberg Wittmer in Zürich, ist aufgrund seiner Erfahrung überzeugt davon, dass Transparenz wichtig ist und der Erblasser nicht zu lange warten sollte, seine Angelegenheiten zu ordnen und die Nachkommen ins Bild zu setzen: Was ist vorhanden? Wie ist es organisiert? Wer hat bereits Bezüge gemacht? Aufgrund von zum Teil komplexen Situationen machen Eltern oft einen Bogen um vermeintlich mühevolle und schmerzliche Gespräche. In jeder Familie kommt es über die Jahre zu Verletzungen und zu vermeintlichen Ungerechtigkeiten. Ist zudem noch viel Geld im Spiel, können solche Kränkungen Familien auseinanderbringen. Trotzdem bleibt vieles unausgesprochen, weil es zur Aufarbeitung dieser Themen Mut und Kraft braucht. Der Weg des geringsten Widerstands ist es, diese Gespräche immer wieder aufzuschieben. Die gestiegene Lebenserwartung trägt die trügerische Hoffnung in sich, dass noch viel Zeit bleibt, um dann in ferner Zukunft doch noch zu informieren. Und plötzlich ist es zu spät. Diese Situation ist kritisch, weil sich Probleme, die zu Lebzeiten der Eltern nicht geregelt werden, nach deren Ableben potenzieren. Im Reinen sein, mit sich selbst und mit seiner Familie, ist einfacher gesagt als getan.

Ignorieren und nichts machen ist deshalb keine Option. Ein stufenweises Vorgehen, das das Alter und die Reife des Kindes berücksichtigt, scheint sinnvoll. Information über die Vermögensverhältnisse heisst dabei nicht, dass schon bald der Übertrag des Vermögens erfolgt. Es geht lediglich darum, die Nachkommen auf das Vermögen vorzubereiten.

GLEICHE ELTERN – UNTERSCHIEDLICHE KINDER

Die meisten Eltern, die mehr als ein Kind haben, werden es bestätigen: Jedes Kind ist anders. Obwohl sie gleich aufwachsen, bilden sich unterschiedliche Ausprägungen und Lebensstile heraus. Die Beraterin einer vermögenden Familie erzählt von zwei Geschwistern, die von den Eltern gleich erzogen wurden. Beide haben mittlerweile eine Familie und stehen im eigenen Leben. Der Bruder lebt mit seiner Familie so einfach wie möglich, nach der Überzeugung, dass Besitz die Sicht auf die wichtigen Dinge im Leben versperrt. Wünschen sich seine Kinder zum Beispiel ein Fahrrad oder ein Paar Turnschuhe, müssen sie einen Antrag an die Eltern schreiben, wieso sie sich diesen Gegenstand wünschen, wie sie zum Gegenstand Sorge tragen und was sie durch Mitarbeit im Haushalt zum Kaufpreis beisteuern werden. Seine Schwester hingegen lebt ein Leben, dass sich am Vermögen orientiert. Durch die Art des Wohnens und der Fortbewegung, des Konsums, der Ferien und Reisen, des Essens in Restaurants, der Kleidung usw. wird nach aussen gut ersichtlich, was sich die Familie leisten kann.

Die beiden Geschwister haben unterschiedliche Lebensformen gewählt, mit unterschiedlichen Herausforderungen, obwohl sie aus derselben Familie stammen: Für die Familie der Schwester ist Luxus der normale Lebensstandard. Die Kinder des Bruders fragen sich, wieso ihre Cousins für das, was sie haben wollen, bei ihrer Tante und ihrem Onkel keinen Antrag schreiben müssen. Und umgekehrt werden sich die Kinder der Schwester fragen, wieso ihre Cousins so «arm» sind. Das gibt lebhafte Diskussionen.

ANERKENNUNG DER ELTERN

Jamie Johnson sagt im Film *Born Rich*,[18] dass bereits sein Grossvater den American Dream realisierte. Aufgrund der Annahme, dass sich dieser Traum nicht mehr steigern lasse, verbot er allen Nachkommen, in der Familienfirma zu arbeiten. Er befürchtete wohl, dass sie in der Ausübung dieses Berufs gar nicht mehr erfolgreicher werden konnten, als er es war. Als Nachkomme mit dieser Realität leben zu müssen, ist schwierig. Anerkennung – vor allem auch die Anerkennung der Eltern – gilt als eines der Grundbedürfnisse des Menschen. Den Nachkommen der Familie Johnson & Johnson blieb somit nur der eigene Weg. Und der eigene Weg heisst, mit dem Geld, das sie so oder so erhalten, etwas Sinnvolles zu tun. Ob sie jedoch jemals durch diese eigenständige Tätigkeit die Anerkennung der Eltern erhielten, ist nicht gesichert.

Im Unternehmen der Johnsons war die familieninterne Nachfolge keine Option. In anderen wird sie stillschweigend oder unverblümt vorausgesetzt. Wie bereits erwähnt,[19] ist Tobias Schneider* seinem Vater gefolgt. Nach dem Eintritt in dessen Firma darf er an einem wichtigen Auftrag mitarbeiten. Dieser Auftrag ist sehr komplex, aber auch interessant und bringt ihn mit einem wichtigen und anspruchsvollen Kunden des Unternehmens zusammen. Die Messlatte liegt hoch, das Unternehmen seines Vaters ist bereits erfolgreich und gut positioniert. Schneider* will aus verständlichen Gründen weder seinen Vater noch den Kunden enttäuschen. Sein Einsatz ist immens. Er geht physisch und psychisch an seine Grenzen. In dieser Phase ist es für ihn schwierig, zwischen Beruf und Privatleben eine Trennlinie zu ziehen.

Im Beruf erfolgreich zu sein, ist eine der Möglichkeiten, von den

---

18 *Born Rich*, vgl. Anm. 2 auf S. 27.
19 Vgl. S. 34.

Eltern Anerkennung zu erhalten. Dabei gibt es Nachkommen, die mit aller Kraft mindestens so erfolgreich sein wollen wie ihre Vorfahren. Und andere, die es gar nicht erst versuchen, weil die Möglichkeit, dass ihnen das gelingt, vernichtend klein ist. Oft entwickeln sie sich dann in einer ganz anderen Domäne, wo es auch keine Vergleichsmöglichkeiten gibt.

Es ist zu wünschen, dass in den sehr vermögenden Familien Erfolg nicht immer eine Frage des Geldwerts ist. Ist dies nicht der Fall, werden die Nachkommen lange auf die Anerkennung der Eltern warten müssen.

Es sind vor allem die Millennials, an die in den nächsten zwei Jahrzehnten Vermögen übergeht. Es ist zu hoffen, dass diese Generation mehr erreichen wird, als lediglich den Wohlstand zu wahren. Damit Neues entstehen kann, braucht es nicht nur ein Hungergefühl, sondern auch Spielraum. Die Verantwortung, den Nachkommen diese Freiheit einzuräumen, obliegt der Generation, die im Moment im Besitz des Vermögens ist. Dazu gehört auch, zu erklären, wie das Vermögen überhaupt entstanden ist und welches Engagement dafür nötig war. Sieht man selbst Vermögen vor allem als Mittel, um einen komfortablen Lebensstil zu finanzieren, so dürfte sich diese Einstellung auch auf die Millennials übertragen. Wie soll sich da die Motivation entwickeln, etwas zu erreichen und damit die Wohlfahrt der Gesellschaft zu fördern?

Wir glauben, dass die privilegierte Situation der Schweiz vor allem darin besteht, dass die meisten Nachkommen heute unter «es besser zu haben als die Vorfahren» nicht automatisch «mehr materiellen Reichtum» verstehen. Das eröffnet ihnen die Möglichkeit, sich dort weiterzuentwickeln, wo ihre wahre Faszination, Fähigkeit und Affinität liegt. Das ist eine gute Grundlage, auf der sich finanzieller Erfolg – wie hoch auch immer – einstellen wird. Für diesen neuen Generationenvertrag braucht es eine aktive Kommunikation innerhalb der Generation. Die Basis dieser Kommunikation ist in erster Linie das Verständnis für die Situation der anderen Generation und weniger ein Schubladisieren der Verhaltensweisen. Es gibt Möglichkeiten, präventiv wie auch akut diese Art von Kommunikation zu fördern. Vielfach wenden sich Familien in solchen Situationen an Spezialisten oder Berater, die mit anderen Familien ähnliche Situationen erlebt haben.

6 BEGLEITUNG STATT NUR BERATUNG

«Externe Beratung und Vermittlung sind vor allem dann sinnvoll, wenn eine Altershierarchie besteht. Eine neutrale Person kann die familiären Muster, die sich über Jahrzehnte gebildet haben, abschwächen und dafür sorgen, dass alle Generationen eine Stimme haben.»

Caroline Piraud, Julius Bär Stiftung

EIN ANSPRECHPARTNER FÜR ALLE

Finanzinstitute und Anwaltskanzleien haben in den vergangenen Jahren vermehrt begonnen, Beratungsdienstleistungen im Bereich des emotionalen Vermögensübergangs und der Family Governance anzubieten – mit unterschiedlichem Erfolg. Aus unserer Sicht unterscheidet sich diese Beratung deutlich von den üblichen Dienstleistungen der Banken und Anwälte, da sie weit über den Verkauf von Anlageprodukten, die sachgerechte Formulierung von Verträgen oder die Optimierung von Steuern hinausgeht.

Dr. Sonja Kissling, Rechtsanwältin und Inhaberin von Family Business Matters, einem Beratungsunternehmen für Familienunternehmen in Zürich, äussert sich dazu wie folgt: «Wenn ein Rechtsanwalt oder Berater – trotz bester Absichten – eine Familienverfassung für die Familie schreibt und das Dokument von den Familienmitgliedern lediglich unterzeichnen lässt, ist das nicht Beratung in Family-Business-Governance. In Familienunternehmen müssen Lösungen, damit sie nachhaltig sind, von den Betroffenen selbst erarbeitet werden, das kann ihnen niemand abnehmen. Der Governance-Berater begleitet den Prozess auf eine solche Weise, dass er oder sie die Familienmitglieder dazu bringt, selbstverantwortlich ihre eigene, gemeinsame Lösung zu finden.»

Wir wollen in diesem Kapitel auf diese Unterscheidung eingehen und herausfinden, wer sich als Berater eignen könnte und wie man diesen Berater auswählt. Welches sind die wichtigsten Aufgaben dieses Beraters? Wie lange begleitet er oder sie die Familie? Was sind die Erfolgsfaktoren? Woran wird er gemessen? Wie hoch sind die Kosten?

Familien sind in der Regel in den ersten 20 Lebensjahren des Kindes eine eng verbundene Einheit. Die während dieser Jahre gelebte Eltern-Kind-Beziehung prägt auch spätere Gespräche; sich um das Kind zu sorgen, hat sich den Eltern eingeprägt. Dieses Verhältnis erschwert später den Dialog auf Augenhöhe. Zudem sind die Eltern die Eigentümer des Vermögens und haben somit weiterhin das Sagen. Familiensitzungen laufen darum oft so ab, dass die Eltern reden und die Kinder schweigen. Wer redet, hat das Gefühl verstanden zu werden; bei jenem, der schweigt, verhält es sich umgekehrt, denn er hatte keine Gelegenheit, sich offen und ehrlich zu äussern. Manchmal kommt es zu Streit und Schuldzuweisungen, die dem Ziel, den Vermögensübergang sorgfältig zu planen, nicht dienen.

Um solche Probleme zu vermeiden, kann es hilfreich sein, eine neutrale Person zu engagieren. Basis für eine erfolgreiche Beratung ist immer, dass alle Familienmitglieder den Berater oder das Beraterteam akzeptiert haben. Gute Berater vertreten nicht die Position eines einzelnen Familienmitglieds, sondern arbeiten darauf hin, dass alle zu Wort kommen und jede Stimme zählt. Die Berater helfen mit, Emotionen in die richtigen Bahnen zu lenken, auch wenn das manchmal schwierig ist. Den meisten Familienmitgliedern leuchtet ein, dass kritische Situationen vor allem dann bewältigt werden können, wenn lösungsorientiert gearbeitet wird. In solchen Situationen können fähige Berater Gold wert sein. Sie sorgen dafür, dass die Familiensitzungen strukturiert ablaufen, und überprüfen Aufgaben und Resultate. In einer hitzigen Diskussion können sie fragen, worum es genau geht, wo die Familie im Moment steht und welche Kommunikationsregeln man zu Beginn des Prozesses vereinbart hatte.

Manchmal kommt es, wie wir aus eigener Erfahrung wissen, zu Situationen, wo man scheinbar nicht mehr weiterkommt und einen Konflikt nicht auflösen kann. Dann hilft vielleicht schon eine kurze Pause. In anderen Fällen kann es aber vorkommen, dass sich ein Familienmitglied ganz aus dem Family-Governance-Prozess zurückzieht und den eigenen Weg geht oder dass die ganze Familie zum Schluss kommt, dass der Prozess sie nicht weiterbringt. Der Berater sollte über die Fähigkeit verfügen, die verschiedenen Schattierungen der Konflikte richtig einzuordnen.

Bettina* ist die Tochter von Dieter und Daniela Dettwyler*. Sie hat sich in einem kreativen Umfeld selbstständig gemacht und ist erfolgreich. Als sie sich bewusst wird, wie vermögend ihre Familie ist und was dereinst auf sie zukommen kann, fühlt sie sich unwohl und überfordert. Sie hat keinen Bezug zu diesem Vermögen, das sie nicht selbst geschaffen hat, und hat vor allem eine Abneigung gegenüber einer grossen Bargeldsumme. Dieser Zustand wird über die Jahre verändert, indem sich Bettina vom Beraterteam ihrer Eltern in den Themen ausbilden lässt, die ihr helfen, die Verwaltung des Vermögens zu übernehmen. Sie weiss nun auch, dass sie einmal ein Mehrfamilienhaus erben wird. Aus diesem Haus werden ihr monatliche Mieterträge zufliessen. Ob sie dessen Verwaltung selbst übernehmen wird, kann sie heute nicht sagen. Das Haus zu verkaufen, kann sie sich nicht vorstellen. Es ist ein Gut, das sie begleiten wird und aus dessen Ertrag sie ihr zum Teil stark schwankendes Einkommen ausgleichen kann.

REDEN IST SILBER, ZUHÖREN IST GOLD

Gute Beratung in Finanz- oder Rechtsfragen hat ihren Wert. Viele verlassen sich täglich auf solche Experten. Treuhänder, Anlage- oder Rechtsberater, die nebenbei auch noch Family-Governance-Dienstleistungen anbieten, sollten dabei mit Demut vorgehen. Wer gewohnt ist, seine Kunden mit Expertise und Erfahrung zu überzeugen, läuft Gefahr, zu schnell zu folgern, was der Kunde oder die Familie vermeintlich braucht. Die Family Governance verkommt so zu einem Produkt – bestenfalls können Kunden noch zwischen den Varianten A, B, C und D auswählen. So kommt kein Dialog zustande, mit dem der Familie die Chance gegeben wird, selbst herauszufinden, was für sie am besten ist. Wichtig für den Berater ist, offen zu sein, nicht zu werten, Verständnis für die individuelle Situation zu haben und die verschiedenen Sichtweisen der Familienmitglieder in Erfahrung zu bringen.

Vom Berater ist vor allem die Fähigkeit gefordert, *zuhören* zu können, die *richtigen Fragen* zu stellen und die während des Prozesses identifizierten Präferenzen und Ziele zu *artikulieren*. Nachstehend einige typische Fragen, die zum Beispiel Marcuard Family Office in Zürich den Vermögensinhabern immer wieder stellt:

- Welches sind die wichtigen Themen in Ihrer Familie?
- Sie haben erfolgreich Vermögen aufgebaut oder weitergeführt. Was ist für Sie der Sinn und Zweck dieses Vermögens für Ihre Familie?
- Haben Sie mit ihrem aktuellen Nachfolgeplan eine gute Basis geschaffen dafür, dass der Vermögens- und Werteübergang erfolgreich verlaufen wird?
- Was können Sie oder Ihre Berater tun, damit das Vermögen für das Leben Ihrer Nachkommen nicht belastend, sondern bereichernd ist?
- Was sollten Sie von Ihren Nachkommen erwarten können, damit sie für die Verantwortung, die auf sie zukommt, vorbereitet sind?
- Haben Sie sich darüber Gedanken gemacht, wie viel Vermögen Sie an die nächste Generation weitergeben wollen?
- Wissen Ihre Nachkommen, welche Werte für Sie wichtig sind? Wissen Sie, für welche Werte Ihre Nachkommen einstehen?
- Was würde heute mit Ihren Nachkommen geschehen, wenn Sie und Ihr Partner plötzlich sterben würden?
- Was wünschten Sie sich und Ihrer Familie, wenn Sie 20 Jahre in die Zukunft schauen?
- Welche Kommunikationskultur pflegen Sie in der Familie? Gibt es regelmässige Zusammenkünfte, in denen sich jeder der Familie zu wichtigen Familienthemen rund um das Vermögen und dessen Zweck äussern kann?

Nach der Beantwortung der Fragen spiegelt der Berater der Familie, was er gehört hat. Er begleitet die Familie dann im Entscheidungs- und Massnahmenfindungsprozess. Es geht nicht darum, die Antworten zu qualifizieren oder zu werten, sondern aufzuzeigen, was mögliche Konsequenzen sein können.

Die Family-Governance-Beratung bezieht sich somit nicht nur auf die aktuelle Situation, sondern versucht, mögliche Problemstellungen zu antizipieren. Wie wird mit zukünftigen Konfliktsituationen in der Familie umgegangen? Werden Lebenspartner der Nachkommen dereinst in den Prozess integriert? Wie wird verfahren, wenn sich ein Familienmitglied entscheidet, aus dem Family-Governance-Prozess auszuscheiden? Ab welchem Alter werden Nachkommen über die Vermögensver-

hältnisse informiert? Was tun, wenn einer der Nachkommen in finanzielle Schwierigkeiten gerät? «Diese Art von Beratung ist dann definitiv
nicht mehr Standard», meint Kurt Schenker*.

Zu guter Letzt ist vielen Beratern eigen, dass sie ergebnisorientiert
arbeiten und zu hohe Erwartungen an die einzelnen Entwicklungsschritte haben: Nach jeder Sitzung müssen Traktanden als *erledigt* ab-
gestrichen werden. In anderen Beratungsfällen mag dieses Vorgehen
sinnvoll sein. In der Family Governance führt es unseres Erachtens
dazu, dass sich die Familie vom Berater in einen eng getakteten Prozess
gezwängt fühlt. Dabei stellen Berater Fragen oft suggestiv; sie versuchen, die Familie in eine bestimmte Richtung zu lenken. Das kann dazu
führen, dass sich diejenigen Mitglieder der Familie zurückziehen, die
auch sonst zu kurz kommen, aber eigentlich viel zu sagen hätten.

AUSWAHL DES BERATERTEAMS

Jede Familie hat Themen, die nicht einfach zu diskutieren sind: Persönliche Verletzungen, mangelnde Anerkennung, Bevorteilung, unterschiedliche Vorstellungen, wie mit dem Vermögen umgegangen wird,
mangelnde Integration von Ehepartnern usw. Es ist wichtig, dass sich
die ganze Familie mit den Beratern wohlfühlt. Deshalb ist es zwingend
notwendig, dass die ganze Familie den Berater kennenlernt, bevor eine
Zusammenarbeit eingegangen wird. Der Family-Governance-Prozess
ist eine sehr persönliche Angelegenheit.

Oft engagieren die Eltern deswegen jemanden, der ihnen seit lan-
gem bekannt ist, ihren Anwalt, Treuhänder oder Bankier. Diese Personen sind den Eltern allerdings besser vertraut als den Nachkommen.
Darum, und vor allem auch dann, wenn die Eltern die Rechnung für
die Beratung bezahlen, besteht die Gefahr, dass die Nachkommen von
ihnen nicht optimal repräsentiert werden. Der Berater kann zwischen
die Fronten geraten und wird von den Kindern als Adlatus der Eltern
abgestempelt. Das ist keine gute Ausgangslage. Der Berater sollte von
allen Beteiligten als neutrale Person akzeptiert werden.

Obwohl jede Familie anders ist, hilft die Erfahrung in der Beratung
von anderen Familien, Alternativen aufzuzeigen und auf mögliche Gefahren aufmerksam zu machen. Als Berater sollte man idealerweise
verschiedene Disziplinen beherrschen und solides Wissen in den Be-

reichen Vermögen, Business Governance, Finanzen, Recht und Psychologie kombinieren können. Zur Vertiefung einzelner Themen sollte der Berater auch über ein unterstützendes Netzwerk verfügen. Aus Sicht der Familie empfiehlt es sich, Referenzen von anderen Familien einzuholen, die mit dem angesprochenen Beraterteam bereits gearbeitet haben.

Auf die Frage, ob man Family Governance lernen kann, antwortet Heinrich Christen von EY: «Ich glaube nicht, dass man Empathie und das Interesse an Menschen in speziellen Situationen lernen kann. Das wäre, wie wenn wir uns in Betroffenheit üben würden. Entweder ist man betroffen und interessiert oder man ist es nicht. Menschenkenntnisse fussen auch auf Erfahrung und auf einem feinen Sensorium. Man muss Dinge aus der Optik der anderen Person sehen können.» Hilfreich scheint auch die Mediationsausbildung, die oft von Anwälten und Mitarbeitenden im Family Office absolviert wird. Sie wird von ihnen als Augenöffner und als optimale Ergänzung zur Rechtsausbildung empfunden. Sie erlaubt, mit Konflikten umzugehen, ohne rechtliche Konzepte zu verwenden. Andererseits können Anwälte, die mit dem Prozessieren vertraut sind, auch vorausschauend erkennen, was später zu einem Problem werden könnte.

Aufgrund der Hierarchie und der unterschiedlichen Bedürfnisse innerhalb der Familie ist es empfehlenswert, dass ein Team von zwei Personen die Familie begleitet. Die Altersklassen der Familie sollten sich im Begleitteam spiegeln. Es erscheint sinnvoll, wenn in diesem Team beide Geschlechter repräsentiert sind. Bei grossen Familien kann ein dritter Berater hilfreich sein. Nach Abklärungen, Gesprächen und dem Einholen von Referenzen soll schliesslich das Bauchgefühl für oder gegen das Beraterteam entscheiden: Die Familie muss sich wohlfühlen und sich vorstellen können, mit dem Team zusammen zu arbeiten. Ohne dieses Gefühl ist auch ein vermeintlich günstiges Angebot eine schlechte Basis.

DAS PFLICHTENHEFT DER FAMILY-GOVERNANCE-BERATER

Wie bereits erwähnt, ist der Berater eine neutrale Stimme, die dafür sorgt, dass alle Familienmitglieder für voll genommen werden. Er scheut sich nicht, unbequeme Fragen zu stellen, und übernimmt eine wichtige Koordinationsrolle im gesamten Family-Governance-Prozess. Er wird jedoch der Familie nie sagen, was sie zu tun hat. Diese Verantwortung kann und darf er der Familie nicht abnehmen. Wir gehen in Kapitel 7, «Der Family-Governance-Prozess», näher darauf ein.

In einem uns bekannten Fall hat das Beraterteam des Family Office für die Familie die folgende Rolle übernommen:

- Kommunikationsplattform für alle Familienmitglieder
- Unabhängiger Moderator (der auch Klartext sprechen kann)
- In Zusammenarbeit mit der Familie die Rahmenbedingungen des Prozesses festlegen
- Instrumente und Hilfestellungen zur Verfügung stellen
- Vorbereitung, Durchführung und Nachbearbeitung von individuellen Sitzungen und von Familientreffen
- Austausch, basierend auf gemachten Erfahrungen mit anderen Familien
- Einhalten der Kommunikationskultur
- Nicht versuchen, ein Familientherapeut zu sein

Sowohl die Familie als auch das Beraterteam sollte jederzeit die Möglichkeit haben, den Prozess abzubrechen. Annullierungsgebühren und Kündigungsfristen gehören in andere Domänen, aber nicht in die Family-Governance-Beratung.

KOSTEN DER FAMILY-GOVERNANCE-BERATUNG

Die Kosten eines Beratungsteams richten sich nach dem Umfang, der Grösse der Familie und der Komplexität. In den USA ist es üblich, eine Pauschalsumme zu vereinbaren. Nicht selten werden bei grösseren Familien, bei denen der Beratungsprozess ein bis drei Jahre dauert, sechsstellige Beträge in Rechnung gestellt. Sehr bekannte und renommierte Berater in den USA verlangen Tagespauschalen von mehr als 15 000 US-Dollar.

Leonardo De Luca, von De Luca Advisory in Zürich, ist überzeugt davon, dass sich die Kosten nach dem Projekt und den erreichten Meilensteinen richten sollten und nicht nach den aufgelaufenen Stunden. Normalerweise wird ein Vorschuss bezahlt und im Lauf des Projekts

werden weitere Zahlungen fällig. Den Nachteil, pro Stunde abzurech-
nen, sieht er darin, dass die Dienstleistung nicht klar quantifiziert werden kann und unter Umständen auch kein Ende in Sicht ist. Die Be-
ratungssätze in der Schweiz variieren stark, je nach Dienstleistung,
Thema und Dauer. Sie reichen von 200 bis 600 Franken pro Stunde.

Ein uns gut bekanntes Unternehmen budgetiert mit der Familie zusammen den ungefähren Aufwand und die Kosten. Per Ende Jahr setzen sich die beiden Parteien zusammen und rekapitulieren, ob die Ziele
erreicht wurden und wie sich dies zur Dienstleistung des Beraters verhält. Wurden die Erwartungen der Familie erfüllt, wird äusserst selten
nochmals über den Preis diskutiert. Diese Vorgehensweise hat dazu
geführt, dass sich die Familie von Beginn weg wohlfühlte, auch wenn
sie trotz Einführung nicht genau wusste, was auf sie zukommt. Für eine
fünfköpfige Zwei-Generationen-Familie muss mit einem Beratungs-
aufwand von ungefähr 30 000 Franken im Jahr gerechnet werden (individuelle Interviews, vier Familientreffen im Jahr, inklusive Vor- und
Nachbearbeitung).

NEXT-GEN-SEMINARE

Seit Jahren bieten vor allem Banken mehrtätige Seminare für die Nachkommen von vermögenden Kunden an. Referenten, meist interne, aber
auch externe, unterrichten die Teilnehmenden in Themen wie Unternehmertum, Innovation und Digitalisierung, Philanthropie, Nachhaltigkeit, Kunst und Vermögensplanung. Der Vorteil dieser Seminare ist,
dass sich Menschen treffen, die sich in einer ähnlichen Situation und
Alterskategorie befinden. Das Durchschnittsalter liegt in der Regel zwischen 25 und 30 Jahren. In der Folge können so auch Netzwerke entstehen, die eine Eigendynamik entwickeln. «Diese Programme […] offe-
rieren High-End-Netzwerkmöglichkeiten, bei denen junge und reiche
Menschen gemeinsam jung und reich sein können», erwähnt Suzanne
Woolley in einem Artikel für *Bloomberg*.[20] Nicht selten wenden sich die

---

20 Woolley, Suzanne: «Summer Camp for the Ultra-Wealthy Teaches Kids How to Stay Rich»,
in: *Bloomberg*, 30. 7. 2018; https://www.bloomberg.com/news/features/2018-07-30/at-rich-kid-
summer-camp-big-banks-try-to-hook-heirs-for-a-lifetime (Zugriff: 16. 1. 2019), aus dem Englischen übersetzt von J. Frey.

Nachkommen nach dem Besuch des Seminars an ihre Eltern und Geschwister und stellen Fragen, die sie vorher nicht zu fragen gewagt haben.

Die Seminare sind aufwendig gestaltet. Man will den Nachkommen, die normalerweise einen aufwendigen Lebensstil pflegen, etwas bieten. Neben der fachlichen Wissensvermittlung werden ein attraktives Unterhaltungsprogramm und kulinarische Höhenflüge angeboten. Vielfach ist es für den Organisator auch Marketing in eigener Sache, da es gilt, die Vermögenseigentümer der Zukunft an das Unternehmen zu binden. Selten zuvor wurden die vermögenden Nachkommen so hofiert.

Es stehen sehr viele Generationenwechsel an, und die Loyalität der Nachkommen zu einem Berater oder einer Institution war niemals so niedrig wie heute. So ist es verständlich, dass sich die Organisatoren dieser Seminare im besten Licht präsentieren und den Nachkommen in jeglicher Hinsicht etwas bieten wollen. Ob sich in einem solchen monokulturellen Umfeld, *upper class meets upper class*, wirklich die wichtigen Themen in die Tiefe verfolgen lassen, ist die eine Frage. Und wie offen diese jungen Menschen miteinander und untereinander sind, wenn alles um sie herum glänzt, die andere.

Die Familie Clausen* ist vor vielen Jahren in die Schweiz gezogen. Die Eltern, Sandro* und Deborah*, sind Nachkommen von Familien, die seit Generationen über beträchtliche Vermögen verfügen. Sie haben drei erwachsene Kinder, Mario*, Matthias* und Marissa*, die alle über eine exzellente Ausbildung verfügen. Die Familie beauftragt einen Vermögensberater in der Schweiz, das Vermögen von Sandro* zu verwalten. Zudem hat der Berater den Auftrag, die drei Kinder und die Mutter bei den vierteljährlichen Beratungsgesprächen, bei denen es um Anlageresultate, Anlagestrategie und die allgemeine Lage der Weltwirtschaft und der Finanzmärkte geht, ins Bild zu setzen.

Die Gespräche gestalten sich schon bald als schwierig. Mario* und Matthias* wissen gut über die Finanzmärkte Bescheid. Sie sind sehr engagiert und hinterfragen die Entscheidungen und die Strategie des Beraters. Unter den zweien kommt es zu einem Konkurrenzverhalten und nicht selten zu Streit. Als Vermögensinhaber versucht der Vater, mitzuentscheiden, er verfügt jedoch nicht über dasselbe Wissen wie seine Söhne. Deborah* zieht sich zudem mehr und mehr von den Gesprächen zurück und wagt nicht, Fragen zu stellen. Auch Marissa*, in einem den Finanzmärkten fremden Sektor ausgebildet und praktizierend, kommt selten zu Wort.

Obwohl der Berater innerhalb der Anlagestrategie in der Umsetzung frei ist, kommt es immer wieder zu einem Veto der beiden Söhne. Der Berater versucht, einerseits die Kinder in den Prozess zu integrieren und anzuhören und andererseits den Vermögensverwaltungsauftrag wahrzunehmen. Es kommt zu Kompromissen. Es wird zunehmend schwierig, zu eruieren, wer für die erzielten Anlageergebnisse verantwortlich ist. Mario* als Ältester wird vom Berater zu einem mehrtägigen Stage in dessen Büros eingeladen. Er ist der kritischste von allen. Das Verhältnis verbessert sich nur unmerklich. An einer Familiensitzung teilt Mario* mit, dass er in nächster Zeit mit Ausschüttungen aus dem Vermögen seines Vaters rechne. Sein Vater habe ja auch vorzeitig erben können. Jetzt sei der Moment gekommen, das auch für seine Nachkommen zu tun, in dem sich Opportunitäten ergäben, mit diesem Kapital etwas zu tun. Mario* bleibt die Antwort schuldig, was das sein könnte. Der Vater ist brüskiert über dieses Vorgehen.

Der Berater rekrutiert in der Not einen externen Family-Governance-Spezialisten, dem die Aufgabe zukommt, vor allem mit Mario* zu arbeiten. Diese Spezialbehandlung vermittelt Mario* das Gefühl, dass nur er das Problem sei. In einem Schreiben an den Berater lässt Mario* seinem Unmut über die familiäre Situation freien Lauf. Was eigentlich eine Chance wäre, kommt leider zu spät. Ein paar Wochen nach dieser Korrespondenz und drei Jahre nach Mandatsvergabe kündigen die Eltern das Arbeitsverhältnis mit dem Berater. Sie begründen den Entschluss damit, dass die Nachkommen nun erfolgreich ans Vermögen herangeführt wurden und über genügend Wissen verfügten. Es ist jedoch offensichtlich, dass alle Parteien mit dem Resultat der Zusammenarbeit unzufrieden sind.

Obwohl die Situation von Beginn weg schwierig war, sind dem Berater mehrere Fehler unterlaufen:
- Der Berater hätte sich über die Familiengeschichte informieren sollen. Das materielle Vermögen ist nur ein Teil der Familie, der andere, wie das Vermögen über Generationen weitergegeben wurde.
- Weder der Vermögensinhaber noch die Kinder wurden vom Berater gefragt, was Sinn und Zweck des Vermögens sei.

- Der Berater ist zu rasch davon ausgegangen, dass es sich um ein reines Vermögensverwaltungsmandat handelt.
- Obwohl angedacht war, dass die Kinder lediglich Beisitzer sind, übernahmen zwei von ihnen schon bald das Zepter in den Gesprächen; obwohl im Sinn der Integration gut gemeint, hätte der Berater früher intervenieren sollen.
- Die ursprünglich vereinbarte Anlagestrategie wurde immer wieder angepasst; der Berater hätte von Beginn weg die Verantwortung klar definieren sollen.
- Der Mutter und dem dritten Kind ist nie die Stimme gegeben worden, die sie verdient hätten.
- Nachdem klar war, dass die Familie uneins ist, hat sich der Berater weiterhin auf die Vermögensverwaltung konzentriert, anstatt die Bremse zu ziehen und auf den ersten Punkt zurückzukommen.
- Der Berater suchte externe Hilfe, die ihm aber nicht gut bekannt war.
- Der externe Spezialist hat nur mit Mario* gearbeitet und stand nicht allen Mitgliedern der Familie zur Verfügung. Es ist verständlich, dass das Kind gegen diese Massnahme revoltierte und sich die anderen Familienmitglieder durch diese Massnahme nicht angesprochen fühlten.
- Der Unmut staute sich über die Jahre auf und erreichte den Berater kurz vor Kündigung des Mandats; es wäre besser gewesen, der Berater hätte diese Problemstellung früher erfasst.

Der Berater ist zu rasch auf den Auftrag «Vermögensverwaltung» eingespurt, weil es die Aufgabe ist, die er am besten versteht. Er war nicht bereit, genau hinzuhören und nachzufragen, wo die Herausforderungen liegen. Zudem fehlte ihm die Ausbildung und die Erfahrung, um die Ausgangslage richtig einzuschätzen und die entsprechenden Schritte einzuleiten. Wäre die Familie nicht bereit gewesen, neben der Vermögensverwaltung auch die Family Governance anzugehen, hätte sich der Berater immer noch vom Mandat zurückziehen können.

7 DER FAMILY-GOVERNANCE-PROZESS

«Wealth comes like a turtle and goes away like a gazelle.»

Arabisches Sprichwort

«In fast allen Familien gibt es Konflikte, das ist die Regel und nicht die Ausnahme und auch gar nichts Schlimmes. Vieles ist lösbar, man muss es nur angehen. Im schlimmsten Fall werden Konflikte über Generationen vererbt.»

Sonja Kissling, Family Business Matters, Zürich

WAS FAMILY GOVERNANCE BEDEUTET

Wenn Familienvermögen erhalten bleiben sollen, müssen Generationen miteinander zusammenarbeiten. Nichts zerstört Harmonie und Vermögen so rasch wie ein Erbstreit, der nach dem Tod eines Familienmitglieds ausbricht. Die verschiedenen Schritte zur langfristigen und wertebasierten Steuerung des Familienvermögens werden unter dem Begriff «Family Governance» zusammengefasst. Wir sind der Überzeugung, dass es sich lohnt, bei dieser Vorbereitung eine möglichst umfassende Perspektive einzunehmen. An dieser Stelle geben wir eine Übersicht über den Ablauf eines typischen Family-Governance-Prozesses.

«Wir haben alles unter Kontrolle!», lautet die Antwort des erfolgreichen Unternehmers Paul Gattiker* auf die Frage, wie er und seine Frau die Nachkommen auf das Vermögen vorbereiten. Traktandum Family Governance: Abgehakt!

Aber was ist eigentlich Family Governance? Der Begriff wird oft mit Familienunternehmen in Verbindung gebracht. Er steht dann für die Entscheidung, wer aus der Familie welche Rolle im Unternehmen einnehmen kann und soll.

Die Verfasser und Marcuard Family Office sehen die Family Governance umfassender, nämlich als Aufgabe einer Familie, sich darüber zu einigen, wie sie mit ihrem Vermögen umgehen will, was es für sie bedeutet und welchen Zweck das Vermögen hat. Es geht darum, ein auf gemeinsamen Werten basierendes familiäres Einverständnis zu finden. Dieses bildet dann die Grundlage für die Verwaltung des Familienvermögens und soll es möglich machen, dass bei Konflikten innerhalb der Familie Lösungen gefunden werden können. Es legt ausserdem für die einzelnen Personen Verantwortlichkeiten fest.

Die Family Governance unterscheidet sich also von der Governance von Unternehmen. Das ist für diejenigen Familien, die auch unternehmerisch tätig sind, von Bedeutung. Die geschäftliche Governance beschäftigt sich insbesondere mit Fragen der Aufsicht, Kontrolle und Prüfung, dem Risikomanagement, der internen Revision sowie der Haftung und Vergütung innerhalb des Familienunternehmens. Familien, die kein Unternehmen besitzen, brauchen auch keine solche geschäftliche Governance.

Sobald die Vermögensverhältnisse aber komplizierter sind, hilft eine einfache Struktur, den Überblick zu behalten. Das ist etwa der Fall, wenn neben liquidem Vermögen auch noch Beteiligungen, Immobilien, Sammlungen und andere Sachwerte vorhanden sind. Die Family Governance ist ausserdem nicht gleichbedeutend mit der steuerlichen und rechtlichen Nachlassplanung. Sie ist die Grundlage für diese technische Arbeit. Diese Rangordnung sollte man als vermögende Person verinnerlichen: Zuerst muss die Familie sich über grundlegende Fragen einig sein, bevor man sich an die Ausarbeitung von rechtlichen Dokumenten macht. Der umgekehrte Weg ist schon fast eine Garantie für Streit. Wer, im schlechtesten Fall ohne die Familie zu informieren, alles so organisiert, wie er es selbst für richtig hält, und hofft, die anderen würden sich seinen Entscheiden schon fügen, der geht grosse Risiken ein. Dabei kann es um so simple Fragen gehen wie die, wer überhaupt zur Familie gehört. Für einen Vater kann der nicht blutsverwandte Sohn seiner Exfrau genauso wichtig sein wie seine leiblichen Söhne. Das sollte er ihnen aber mitteilen und ihn nicht einfach im Stillen als Erben einsetzen.

Im Rahmen der Family Governance wird in einem Schriftstück definiert, wer über die Vermögenslage informiert wird und zu welchem Zeitpunkt. Wir gehen in Kapitel 8, «Familienleitbild», vertieft auf dieses Thema ein. Es wird ausserdem festgelegt, wer bei wichtigen Entscheidungen ein Mitspracherecht hat. Man kann mit diesem Dokument klären, welche Erwartungen die einzelnen Familienmitglieder aneinander haben. Angenommen, ein Nachkomme steht vor der Wahl einer Ausbildung. Darf er dann bei Anlageentscheiden mitreden, wenn er Wirtschaft studiert? Oder bei Immobilientransaktionen mitwirken, wenn ihn Architektur interessiert? Oder darf er beides auch, wenn er doch lieber eine Bar eröffnet, statt zu studieren? Der Sinn der Family Governance ist es, solche Fragen systematisch zu besprechen. Sie soll vor allem auch ans Tageslicht bringen, wo die einzelnen Familienmitglieder grundsätzlich andere Vorstellungen haben. An erster Stelle steht die Diskussion über die gemeinsamen Ziele und Werte im Zusammenhang mit dem Vermögen. Sie spurt nämlich die weiteren Schritte vor. Es ist einfach, diesen Schritt zu unterschätzen. Ist es nicht verlorene Zeit, ein Leitbild zu erarbeiten, in dem vermeintlich banale Dinge stehen wie: Sicherheit ist unser oberstes Ziel?

Die Verfasser sind der Meinung, dass es ausserordentlich wichtig ist, über solche Grundwerte zu diskutieren und sie mit Sinn zu füllen. Sicherheit klingt nicht nur gut, sondern kann für jede Familie etwas anderes bedeuten. Wenn beispielsweise die Tochter einer Familie im Rahmen einer solchen Diskussion offenbart, dass sie sich eigentlich gerne am Biotech-Start-up beteiligen würde, wo sie arbeitet, wie ist das mit Sicherheit als Wert zu vereinbaren? Wird die Familie sich darauf einigen, dass Sicherheit wichtig ist, aber Risiken mit einem kleinen Teil des Vermögens eingegangen werden? Wie steht es um die Freiheit, zu tun, was man will? Wird sie durch einen familiären Zusammenhalt ausbalanciert? Gehört es zur Familientradition, für gute Zwecke zu spenden? Welches sind gute Zwecke? Entscheidet man gemeinsam oder jeder für sich? Nur schon die Tatsache, über solche und viele ähnliche Fragen zu diskutieren, kann den Zusammenhalt einer Familie festigen.

Family Governance fokussiert auf die Familie und deren Mitglieder. Jedes Familienmitglied hat mit seiner Individualität Einfluss auf die Familie. Die Herausforderung besteht darin, sowohl diese Individualität zu respektieren als auch das Zusammenleben, die Wohlfahrt und die gemeinsamen Werte der Familie zu fördern. Dieser Prozess erfordert aber auch Mut und Entschlossenheit. Aufgrund individueller Bedürfnisse und Muster, die sich über Jahre entwickelt haben, kann es nämlich zu gewichtigen Meinungsverschiedenheiten kommen. Differenzen können so gross sein, dass es gar nicht möglich ist, einen Konsens zu formulieren. Auch das ist ein mögliches Resultat auf dem Weg der Family Governance. Dieser Prozess darf und kann nicht eine Familientherapie sein.

Für vermögende Familien in der Schweiz ist es noch lange nicht Standard, sich mit Family Governance zu beschäftigen. Wie die Erfahrung zeigt, sind es vor allem interessierte Familienmitglieder, die das Thema aufwerfen. Es müssen nicht einmal unbedingt die Eltern sein, manchmal ist die nachfolgende Generation noch vor ihnen überzeugt, dass die eigene Familie von diesem Prozess profitieren könnte. Es braucht aber auch von allen Beteiligten Willensstärke, den Weg gemeinsam zu gehen. In dysfunktionalen Familien, wo nur spärlich und auch nicht offen miteinander kommuniziert wird, ist Family Governance meist kein Thema. Manchmal zögern Unternehmer und Investoren die mit der Family Governance verbundenen Fragen auch so lange hinaus, bis es zu spät ist, die Dinge so zu gestalten, wie man sie gerne übergeben möchte.

Family-Governance-Strukturen zu erarbeiten, bedeutet, zeitlichen und emotionalen Aufwand zu leisten. Der Nutzen für die nachfolgenden Generationen ist jedoch substanziell. Denn die Faktoren, die einen reibungslosen Vermögensübergang stören oder gar verhindern, werden durch die Family Governance thematisiert:

Mangelnde Transparenz: Die Erben wissen nicht, welche Vermögenswerte auf sie zukommen und wann; sie wissen nicht, wer alles zu den Erben gehört; die Eltern verschweigen den Kindern Wichtiges im Zusammenhang mit dem Vermögen, etwa, indem sie im Testament Bedingungen formulieren, die nicht miteinander diskutiert wurden.

Überforderung: Die Erben werden nicht ausgebildet, mit dem Vermögen umzugehen; sie geraten dadurch in eine grosse Abhängigkeit von Beratern; sie hatten keine Chance, zu Lebzeiten der Erblasser Aufgaben im Zusammenhang mit dem Familienvermögen zu übernehmen.

Dominanz: Die Eltern oder auch nur ein Elternteil entscheiden zu Lebzeiten ausschliesslich und allein; Wünsche der Nachkommen werden dabei ignoriert oder vorweggenommen.

Wertediskussion nicht geführt: Es ist nicht klar, welche Wertvorstellungen den einzelnen Familienmitgliedern wichtig sind; wo sie sich überschneiden oder unterscheiden.

Unfaire Behandlung: Die Erben fühlen sich unfair behandelt, wenn sie unterschiedlich begünstigt oder auf den Pflichtteil gesetzt werden; sogar eine Gleichbehandlung kann als unfair empfunden werden, wenn ein Nachkomme etwa die Eltern gepflegt hat. Die heimliche Erbeinsetzung eines zweiten Ehegatten kann von den Kindern als Affront oder Erbschleicherei empfunden werden.

«Affluenza»: Zu viel ist nie genug; aufgrund der Vermögenssituation lernen die Kinder nicht, was es heisst, eigenes Geld zu verdienen und für sich selbst zu sorgen.[21]

Falsche Annahmen: Die Nachkommen gehen davon aus, dass sie einmal Vermögen erben werden, weil sie das Gefühl haben, dass es ihnen von Rechts wegen zusteht. Die Erblasser haben jedoch andere Ideen, was mit dem Geld geschehen soll (Errichtung einer Stiftung, Konsum, langfristige Investitionen u. a.).

Diese und andere Versäumnisse haben in der Regel schwerwiegende Folgen: Erbstreitigkeiten entstehen, das Vermögen wird durch langjährige Prozesse reduziert, schwere Konflikte brechen innerhalb der Familie aus, das Familienunternehmen gerät in Not, Projekte, die einst mit viel Herzblut vorangetrieben wurden, versanden. Das Ziel einer erfolgreichen Family Governance ist es, solche Entwicklungen zu verhindern.

ECKPUNKTE EINES FAMILY-GOVERNANCE-PROZESSES

«Familien kommen auf mich zu, wenn es entweder zu einem plötzlichen Umbruch kommt oder Stillstand herrscht und sich die Strukturen verhärten. Um das Familienunternehmen nicht zu gefährden, suchen die Familienmitglieder dann externe Hilfe», erwähnt Sonja Kissling. Sie sieht eine Tendenz, dass Familienunternehmen vermehrt Governance-Berater einbeziehen. Die Familie weiss dabei oft nicht genau, worauf sie sich einlässt. Wenn eine Familie sich aber für die Governance-Beratung öffne, sei das bereits ein sehr gutes Zeichen und ein grosser Schritt hin zu einer möglichen Lösung.

In der Regel umfasst ein Family-Governance-Prozess mehrere Schritte. Der Prozess steht und fällt mit dem Engagement der Familie und kann nur auf Initiative der Familie angestossen werden. Dazu braucht es den Willen, oder zumindest keinen Widerwillen, als Familie und Gemeinschaft weiterzukommen, sowie eine gesunde Neugier.

Marcuard Family Office hat die Erfahrung gemacht, dass sich die Family Governance oft im nachfolgenden Kreis bewegt:

---

21 «Affluenza» wird definiert als schmerzvoller, ansteckender und sozial übertragener Zustand an Überfluss, Schuldgefühl, Angst und Verschwendung aufgrund der hartnäckigen Jagd nach mehr; Hamilton, Clive; Denniss, Richard, *Affluenza, when too much is never enough*, Allen & Unwin: Crows Nest 2005, S. 179.

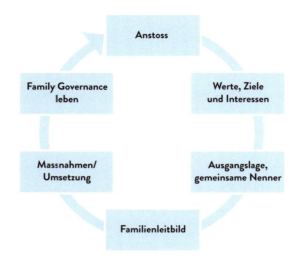

Grafik 4: Family Governance *(Quelle: Marcuard Family Office, 2015)*

Der Prozess beginnt, indem das Beraterteam mit jedem Familienmitglied einzeln ein Gespräch führt. Durch die individuelle Sicht jedes Familienmitglieds entsteht so ein Gesamtbild der aktuellen Situation. Es geht dabei nicht um Details der Familiengeschichte und wer im Recht oder Unrecht ist, sondern um die Faktenlage.

An einer ersten Familiensitzung präsentiert das Beraterteam das Ergebnis in seiner Gesamtheit. Die Quellen der einzelnen Aussagen werden dabei nicht zugeordnet. Die Familie diskutiert an dieser ersten Sitzung die Resultate. Am Ende der Sitzung entscheidet sich auch, ob an den vorgebrachten Punkten noch weitergearbeitet werden muss. Es gilt also, rasch auf eine konkrete Ebene zu kommen.

Der nächste Schritt ist die Verständigung auf gemeinsame Ziele, Werte und Interessen. Es gibt verschiedene Möglichkeiten, die Werte und Interessen innerhalb der Familie zur Sprache zu bringen, um sich auf gemeinsame Ziele zu verständigen. In der Praxis von Marcuard Familiy Office haben sich gewisse Hilfsmittel bewährt, wie zum Beispiel das Kartenset «Motivationswerte» der in New York ansässigen Organisation 2164.[22]

---

22 www.2164.net (Zugriff: 18.1.2019).

Jedes Familienmitglied erhält ein Set von 28 Karten. Auf jeder Karte stehen ein Wert und eine kurze Beschreibung. Zum Beispiel «Verantwortung: freiwillig das Nötige tun» oder «Sicherheit: sich keinen Gefahren und/oder Geldsorgen ausgesetzt fühlen» oder «Risiko: Risiken eingehen, Grenzen testen und Misserfolge in Kauf nehmen». Ohne sich mit den anderen Familienmitgliedern abzusprechen, sortiert jeder seine fünf wichtigsten und die fünf am wenigsten wichtigen Karten aus. Er präsentiert sein Ergebnis dann vor der Familie und erläutert, wieso er diese Karten ausgewählt hat. Die anderen Familienmitglieder stellen Verständnisfragen, ohne zu beurteilen.

Die Wahl jedes einzelnen wird an der Familiensitzung vom Beraterteam schriftlich festgehalten. Wenn alle Familienmitglieder ihr Resultat präsentiert haben, beginnt die Diskussion und die Suche nach gemeinsamen Werten. Diese Übung ist in den meisten Fällen eine geeignete Form, das Eis zu brechen und jedem Familienmitglied eine Stimme zu geben. Nicht selten kommt es zu Überraschungen, so wie in einer Familie, in der der Vater die Karte «Macht: die Fähigkeit haben, Veränderungen herbeizuführen» als die für ihn am wenigsten wichtige Karte einstufte, worauf sein Sohn zu ihm sagte, dass er das verstehe, da er durch seine Position in der Familie bereits über genau diese Macht verfüge.

Es empfiehlt sich aus familiendynamischen Gründen, für diese Übung neutrale Berater zuzuziehen, die unter anderem auch dafür sorgen, dass vereinbarte Kommunikationsregeln eingehalten werden. Sollte sich diese Übung nicht eignen, gibt es andere Hilfsmittel oder auch einfach eine allgemeine Wertediskussion.

Die verschiedenen Schritte innerhalb des Family-Governance-Prozesses zu durchlaufen, dauert. Alle Familienmitglieder sollten sich mehrmals treffen und somit auch bereit sein, Zeit zu investieren. Je zahlreicher die Familie, desto schwieriger ist es, einen Termin zu finden. Zu Beginn erscheint es sinnvoll, dass man sich in Intervallen von etwa drei bis sechs Monaten trifft. Dazwischen können auch Gespräche mit einzelnen Familienmitgliedern stattfinden.

Innerhalb des Family-Governance-Prozesses können mehrere Aspekte geregelt werden – beispielsweise was mit dem Familienvermögen langfristig bezweckt werden soll, oder der Fokus der Familienphilan-

thropie sowie die Entscheidungsmechanismen, Gremien und Verantwortlichkeiten innerhalb der Familie. Zu diesem Zweck ist die Errichtung eines gemeinsamen Familienleitbilds sinnvoll. Dieses Leitbild
definiert unter anderem die gemeinsamen Werte, die Kommunika-
tionskanäle, wie Probleme gelöst werden, wer zur Familie gehört, wer
welche Rollen übernehmen will und welche philanthropischen Engagements man eingehen möchte. Es dient als Leit- und Richtschnur,
kann aber bei Bedarf auch hinterfragt und angepasst werden. Spätestens beim Generationenwechsel oder wenn sich das Umfeld stark verändert, dürfte das Familienleitbild zur Diskussion stehen. Im nachfolgenden Kapitel 8, «Familienleitbild», gehen wir auf dieses Thema im
Detail ein.

Es ist auch möglich, dass eine Familie im Lauf dieses Prozesses ent-
scheidet, dass der gemeinsame Weg weder gangbar noch sinnvoll ist.
Unter gemeinsamem Weg verstehen wir, dass die Familie überein-
kommt, die wichtigen Entscheidungen im Zusammenhang mit dem
Familienvermögen gemeinsam und basierend auf den vereinbarten
Werten zu fällen. Ist das nicht möglich, wird die Familie eher auf eine
Aufteilung oder Abspaltung des Vermögens zusteuern.

Eine vorgefertigte Lösung für den Family-Governance-Prozess gibt
es nicht. Es geht einzig und allein darum, herauszufinden, welcher Weg
für eine Familie und ihre Mitglieder gangbar ist. Das Beraterteam übernimmt folgende Aufgaben:
- Bereitstellen der Kommunikationsplattform für die Familienmitglieder
- Unabhängige Moderation und Koordination der Abläufe
- Festlegung der Rahmenbedingungen
- Weiterbildung der Familienmitglieder im Thema Family Governance
- Teilen von Erfahrungen aus seiner Praxis mit anderen Familien
- Aufrechterhalten von Kommunikation, Klarheit, Konsistenz, Konti-
  nuität und Kooperation[23]

---

23 In Anlehnungen an die 5C von Prof. Christine Blondel, INSEAD Fontainebleau: Commu-
nication & Voice, Clarity, Consistency, Changeability, Culture of Fairness (Sincerity).

Letztlich sollte Family Governance aber als lebendiger Prozess und nicht als fixes Regelwerk verstanden werden. Der Family-Governance-Berater ist in seiner Rolle nicht der Anwalt einer einzelnen Person, deren Interessen er gegenüber den anderen Familienmitgliedern vertritt. Er lässt sich durch das Interesse der ganzen Familie leiten.

EIN BEISPIEL AUS DER PRAXIS

«Wir haben alles unter Kontrolle!» Die zu Beginn dieses Kapitels zitierte Aussage von Paul Gattiker* hatte es in sich. Gattiker* ist verheiratet, hat Kinder und Enkelkinder, wobei die ältesten Enkelkinder bereits das Erwachsenenalter erreicht haben. Die Familienstruktur ist in der Tat recht übersichtlich und das Vertrauen innerhalb der Familie intakt. Unausgesprochen bleibt jedoch, für welche Werte die Familie einsteht und welchen Zweck das Familienvermögen haben soll. Ab welchem Alter sollen die nachfolgenden Generationen in die Verwaltung des Vermögens integriert werden? Ebenfalls unklar ist, wie die Partner der zweiten Generation integriert werden und ob sie ein Mitsprache- oder nur ein Informationsrecht haben sollen.

In den ersten Gesprächen ergibt sich auch, dass die Eltern Angst davor haben, die Kinder mit den unterschiedlichen Vermögenswerten zu überfordern. Die Kinder wiederum sehen ihre Freiheit und Eigenständigkeit in Gefahr, wenn sie Verantwortung für das Familienvermögen übernehmen sollen. Zudem sorgen sie sich, was geschehen würde, sollten ihre Eltern plötzlich versterben. Können sie mit dem Vermögen ähnlich erfolgreich umgehen wie ihre Eltern und was braucht es dazu? Sind sie überhaupt legitimiert, mehr über Höhe und Struktur des Vermögens zu erfahren? Die Familie ist vor dem Family-Governance-Prozess meist an Feiertagen zusammengekommen. Die Gespräche waren informell, ohne Rahmen. Meist waren die Eltern die Wortführer und entschieden auch, wann das Thema gewechselt wird. Vieles blieb somit vage, nichts wurde schriftlich festgehalten. Die Familie kam von sich aus zum Schluss, dass sie so nicht weiterkommt. Sie wollte dies ändern und entschloss sich, die Family Governance in einem konkreten Projekt anzugehen. In Zusammenarbeit mit dem Family Office gestalteten sich die Prozessschritte (analog zu Grafik 4, S. 122) wie folgt:

Anstoss

Es finden erste Gespräche der Eltern und ihrer Nachkommen mit dem Beraterteam statt, worauf die Familie sich entscheidet, einen Family-Governance-Prozess zu starten.

Werte, Ziele und Interessen

Da die Nachkommen nur ein lückenhaftes Bild der Vermögensverhältnisse haben und ungenügend vorbereitet sind, erfolgt eine Standortbestimmung in Form einer Wertediskussion. Die einzelnen Familienmitglieder formulieren weiter ihre individuellen Ziele und Erwartungen, die sie an den Family-Governance-Prozess haben. Das Beraterteam bereitet mit der Familie die relevanten Daten vor.

Ausgangslage und gemeinsame Nenner

Die Familie verständigt sich in der Folge auf eine Reihe gemeinsamer Werte. Dazu gehören insbesondere Effektivität (etwas bewirken können), Eigenständigkeit (unabhängiges Handeln), Integrität (Verhalten im Einklang mit den eigenen Werten) und Nachhaltigkeit (Ressourcen schonen und langfristig planen).

Zusätzlich werden spezifische Rollen definiert: Eine Tochter wird darauf vorbereitet, die Familie im Verwaltungsrat der Familienfirma zu vertreten. Keines der Kinder ist jedoch bereit, operative Verantwortung in der Firma zu übernehmen. Ein jüngerer Sohn erklärt sich bereit, sich um die Immobilien der Familie zu kümmern. Ein älterer Sohn möchte weiterhin seinen Beruf ausüben, stellt sich aber als Mitglied des Anlagekomitees, das mit der Verwaltung des liquiden Familienvermögens betraut ist, zu Verfügung. Er äussert die Bereitschaft, zu einem späteren Zeitpunkt allenfalls Einsitz im Verwaltungsrat zu nehmen.

Familienleitbild

Ein erstes Familienleitbild wird in einem zweiseitigen schriftlichen Dokument festgehalten. Es regelt den Familienkreis, die gemeinsamen Werte, den Rhythmus der Treffen für die Regelung von Family-Governance-Aspekten, die Aus- und Weiterbildung, die philanthropischen Aktivitäten, die Zusammensetzung der Entscheidungs-, Familien- und Philanthropie-Gruppe und das Vorgehen im Notfall. Im Bereich Philanthropie werden zudem die Ehepartner der direkten Nachkommen sowie die erwachsenen Enkel in die Entscheidungsfindung integriert.

Massnahmen und Umsetzung

Es findet nun einmal alle neun Monate ein Familientag statt. Bei dieser Gelegenheit werden die vereinbarten Massnahmen und Anträge besprochen. Eine nicht mehr genutzte Immobilie wird verkauft, der Ertrag wird bis auf weiteres im liquiden Portfolio investiert. Die jährliche Auszahlung an die Nachkommen wird ausserordentlich erhöht, da einer von ihnen für die Geschäftsgründung zusätzliches Kapital braucht. Die Nachfolge im Agrikulturbetrieb ist nicht sichergestellt, da den Nachkommen die Zeit fehlt, sich darum zu kümmern. Es wird nach Alternative gesucht. Alle Nachlassdokumente werden neu beim Family Office hinterlegt, und es wird ein Notfallplan erstellt. An diesem Familientag erhalten alle Familienmitglieder die relevanten Daten über die aktuelle Vermögenssituation.

Gelebte Family Governance

Während des Family-Governance-Prozesses kommt es auch zu einer Meinungsverschiedenheit. Es geht um die Partizipation der Ehepartner. Dies wird diskutiert und eine Lösung gesucht. Die Familienverfassung wird daraufhin revidiert, worauf sie fertiggestellt und von allen unterschrieben werden kann. Zudem erweitert sich der Kreis der Entscheidungsträger im Bereich Philanthropie, als weitere Mitglieder der dritten Generation die Volljährigkeit erreichen. Auch nützt das älteste Mitglied der dritten Generation sein neu explizit festgelegtes Recht, sich im Bereich der Philanthropie einzubringen, und stellt einen Antrag für die Unterstützung einer gemeinnützigen Stiftung, bei der sich die Person auch persönlich engagieren will.

Im vorliegenden Fall benötigte die Familie 24 Monate, um diese ersten Schritte des Family-Governance-Prozesses beziehungsweise -Kreislaufs zu durchlaufen. Das ist relativ schnell und nicht zuletzt auf die konstruktive Haltung und gemeinsamen Werte und Interessen der einzelnen Familienmitglieder zurückzuführen. Alle Familienmitglieder waren bereit, diesen Prozess anzugehen.

DIE FAMILIENSITZUNG

Beim Wort *Sitzung* kommt nicht nur gute Stimmung auf. Schon so mancher hat erlebt, wie zeitraubend, unproduktiv und nervenaufreibend Sitzungen sein können. Man sehnt ihr Ende herbei. Jorge Hambra[24] weist auf die folgenden Probleme in Sitzungen hin:

- Zweck und Ziel sind nicht klar.
- Die falschen Leute nehmen teil.
- Die Zeit pro Thema wird überschritten.
- Mangelnde Kompromissbereitschaft der Teilnehmer.
- Die Teilnehmer setzen sich aus Profilierern, Träumern und Schweigern zusammen.
- Es kommt zu stillschweigenden Vereinbarungen.
- Die Schlussfolgerungen werden nicht schriftlich festgehalten.
- Es wird nicht bestimmt, wer welche Massnahmen bis wann umsetzt.

Mit einer solchen Prädisposition wird bei Familienmitgliedern kaum Bereitschaft aufkommen, an Familiensitzungen teilzunehmen. Was ist zu tun, damit sie ein wertvolles Werkzeug für einen erfolgreichen Family-Governance-Prozess wird?

- Die Teilnehmer kennen im Voraus die Themen, das Datum und die erforderliche Zeit der Sitzung. Sie nehmen nicht nur teil, sondern bereiten sich auch vor.
- Der Status der Massnahmen, die an der letzten Sitzung beschlossen wurden, ist das erste Traktandum der neuen Sitzung.
- Zuerst werden die wichtigsten Themen diskutiert oder diejenigen, die am schnellsten gelöst werden können.
- Die Themen sollten so vorbereitet und vermittelt werden, dass jeder Teilnehmer über genügend Wissen verfügt, um entscheiden zu können.
- Jede Familiensitzung wird protokolliert; jede Massnahme basiert auf einer Schlussfolgerung, wird an eine Person oder eine Gruppe delegiert und von dieser bis zum definierten Zeitpunkt ausgeführt.

---

24 Jorge O. Hambra, *Psicotecnia*, Buenos Aires, Argentinien; www.joh-psicotecnia.com.ar (Zugriff: 22.1.2019).

– Der Zeitrahmen der Sitzung sollte verträglich gesetzt werden. Nach drei, vier Stunden nimmt die Produktivität rapide ab. Pausen verschaffen Luft.
– Am Schluss jeder Sitzung wird vereinbart, wie (und ob) es weitergeht.
– Der Berater sorgt dafür, dass der Prozess eingehalten wird.

WO STEHT IHRE FAMILIE HEUTE?

Es ist nicht notwendig, gleich von Beginn weg ein mehrköpfiges Beraterteam zu engagieren. Um sich ein Bild zu machen, wo die Familie aktuell steht, gibt es verschiedene Instrumente. Eine einfache Methode zur Standortbestimmung ist die Checkliste der Williams Group:[25]

– Gibt es in unserer Familie Konsens, was der Zweck des Vermögens ist?
– Können sich alle Familienmitglieder bei wichtigen Entscheidungen äussern?
– Haben alle Familienmitglieder die Möglichkeit, an der Verwaltung des Vermögens teilzunehmen?
– Können sich die Nachkommen ein Bild machen, was dereinst auf sie zukommt?
– Können sich die Erben vorstellen, welche Verantwortung sie im Zusammenhang mit dem Vermögen übernehmen wollen?
– Kennen die Erben den Nachlassplan und alle relevanten Dokumente?
– Gibt es in der Familie einen Notfallplan?
– Ist für die Familie der Familiengeist mindestens so wichtig wie die Finanzkraft?
– Trifft sich die Familie regelmässig, um wichtige Themen zu besprechen (z. B. ein Familientag im Jahr)?
– Können die wichtigsten und dringendsten Probleme von jedem Familienmitglied proaktiv angesprochen werden?

25 Williams, Roy O., Castoro, Amy A., *Bridging Generations. Transitioning Family Wealth and Values for a Sustainable Legacy*, HigherLife Development Services Inc: Oviedo FL 2017, S. 27/28.

Wichtig ist, dass jedes Familienmitglied diese geschlossenen Fragen für sich allein beantwortet. Wenn alle Familienmitglieder einheitlich sieben oder mehr der Fragen mit Ja beantworten, ist die Familie für einen Vermögenstransfer recht gut vorbereitet. Bei vier bis sechs mit Ja beantworteten Fragen kann mit Zeit und Engagement viel erreicht werden. Für Familien, die weniger als vier Fragen mit Ja beantworten, sollte das ein Weckruf sein. Mit einem vagen oder inexistenten Nachfolgeplan besteht ein signifikantes Risiko, dass der Vermögensübergang nicht nach dem Wunsch aller ablaufen wird. Gehört eine Familie zu dieser Gruppe, so gilt es, den Wecker nicht nur zu hören, sondern auch aufzuwachen. Die Checkliste soll nicht Angst machen, sondern wachrütteln. Auch hier gilt: besser spät als nie.

8 DAS FAMILIENLEITBILD

«Ich hätte mir ein Leitbild gewünscht. Das war bei unserer Familienkonstellation aber unmöglich. Mein Vater machte, was er wollte.»

Maurice Steiner*

DAS LEITBILD ALS AUSGANGSPUNKT

Das Leitbild ist vor allem in der Unternehmenswelt ein Begriff. Es soll die Identifikation der Mitarbeitenden mit dem Unternehmen fördern, sie informieren, für welche Prinzipien die Firma einsteht und welche Ziele sie verfolgt. Einige dieser Absichtserklärungen werden tatsächlich gelebt, andere bleiben totes Papier. In diesem Kapitel beschäftigen wir uns mit dem Familienleitbild. Dieses Dokument hält fest, wofür die Familie steht und wofür sie sich einsetzt, wer über Vermögensfragen entscheidet und wem ab welchem Alter ein Mitspracherecht zusteht.

In Familien, in denen Vermögen erst entsteht, denkt man kaum daran, Grundsätze und Werte schriftlich festzuhalten. Die Vermögensgründer sind nahe am Geschehen und entscheiden intuitiv und rasch. Sobald aber ein Vermögensübergang absehbar ist und mehrere Familienmitglieder involviert sind, kommt es unweigerlich zu Fragestellungen, die nicht mehr nur von einer Person beantwortet werden können. Wie entscheiden sich Familien für oder gegen ein Leitbild? Was sind ihre Erfahrungen? Wann ist ein Leitbild sinnvoll und wann nicht? Wir wollen nachfolgend konkret auf ein Leitbild eingehen, das einer Familie im Umgang mit dem Vermögen geholfen hat, aber auch aufzeigen, wo die Grenzen dieses Instruments sind.

«Eigentlich hätte das Familienleitbild am Anfang von allem stehen sollen», äussert sich der schon mehrmals erwähnte Dieter Dettwyler*, der nach dem erfolgten Unternehmensverkauf das Vermögen diversifizierte. Risiko und Rendite hatten ihn und seine Frau Daniela* geleitet. Es ist ihnen gelungen, das Vermögen zu diversifizieren und eine gute Gesamtrendite mit einem akzeptablen Risiko zu erwirtschaften. Als ihn aber seine Frau fragte, was denn eigentlich der Sinn und Zweck dieses Vermögens sei und was dereinst auf ihre gemeinsamen Kinder zukommen werde, hatte er keine Antwort.

Aus dem Family-Governance-Prozess, den das Ehepaar mit seinen erwachsenen Kinder in Zusammenarbeit mit Marcuard Family Office startete, ist im Verlauf der Zeit ein Leitbild entstanden. Im Rahmen der Diskussionen und Besprechungen hinterfragten vor allem auch die Kinder einige der Massnahmen ihrer Eltern. Nach zwei Jahren standen die wichtigsten Themen und Inhalte fest und auch, was nicht ins Leitbild gehörte. Die erste Phase danach diente auch dazu, herauszufinden, wie diese Themen in der Praxis umgesetzt werden können. Einige liessen sich nicht umsetzen und wurden angepasst. Die Entscheide und die Massnahmen wurden und werden immer gemeinsam erarbeitet. Manche der Formulierungen werden wohl langfristigen Charakter haben.

Das Leitbild hat Einfluss auf die Art und Weise, wie die Familie mit dem Vermögen umgeht. So gibt es zum Beispiel Ausschlusskriterien, Bestimmungen über die Höhe von Ausschüttungen und darüber, welcher Anteil des Vermögens in gemeinnützige Aktivitäten fliessen soll. Die Familie machte sich auch Gedanken darüber, ob ein Teil des Vermögens in der nächsten Generation zusammenbleiben sollte. Nachhaltige Anlagen und Investitionen mit sehr langfristigem Charakter wie zum Beispiel Private Equity oder die bereits erwähnte Windkraftanlage können von allen Nachfahren gemeinsam weitergeführt oder zu einem späteren Zeitpunkt aufgeteilt werden. Das Vermögen erhält dadurch auch unternehmerischen Charakter.

Das Leitbild müsse dabei nicht zwingend schriftlich sein, sagt Dettwyler*. Aber es erleichtere die Dinge schon, und für ihn und seine Familie sei es wie ein Protokoll. Er glaubt auch, dass für Familien, die sich entschlossen haben, noch vieles gemeinsam zu machen oder über gewisse Vermögensteile gemeinsam zu beraten, ein Leitbild sehr hilfreich sei. «Wir hätten einiges anders gemacht, wenn uns unsere Prinzipien und Werte von Beginn weg klar gewesen wären», sagt das Ehepaar heute. Oft haben die Kinder die Eltern auf Widersprüche aufmerksam gemacht oder sie mit Fragen herausgefordert.

EIN BEISPIEL AUS DER PRAXIS

Zwei Generationen der Familie Dettwyler* haben unter Anleitung von Marcuard Family Office bei einem Family-Governance-Prozess ein Familienleitbild entwickelt. Der Prozess dauerte über zwei Jahre. Die einzelnen Kapitel wurden erst nach ausführlichen Diskussionen festgehalten. Das folgende Dokument ist in dieser Zeitspanne entstanden.

Werte

Die Familie Dettwyler* steht für die folgenden Werte ein:

- *Sicherheit und Freiheit:* Aus der finanziellen Sicherheit resultieren für uns Unabhängigkeit, Entwicklungsmöglichkeiten und Handlungsspielraum. Zur Sicherheit gehören auch familiäre Stabilität und Vertrauen.
- *Verantwortlichkeit und Integrität:* Jedes Familienmitglied soll Verantwortung für das eigene Handeln übernehmen. Die formulierten und vereinbarten Werte werden von uns gelebt. Dabei ist auch Durchhaltewillen in schwierigeren Situationen wichtig.
- *Nachhaltigkeit und Pflichtgefühl:* Wir verfolgen eine langfristige Denkweise, sind uns der Auswirkungen unserer Entscheidungen auf andere Menschen und die Umwelt bewusst und setzen uns für Gesellschaft und Umwelt ein.

Grundlagen/Organisation

Die Familie hat drei Gruppen gebildet:

- Eltern
- Eltern und direkte Nachkommen
- Eltern, direkte Nachkommen, deren Ehegatten und Enkelkinder ab 14 Jahren

Die Entscheidungskompetenz in sämtlichen Belangen liegt bei den wirtschaftlich Berechtigten, den Eltern. Ihre direkten Nachkommen haben in sämtlichen Bereichen ein Mitspracherecht. Die Ehepartner der Kinder und die Enkel ab einem Alter von 14 Jahren haben ein Mitspracherecht im Bereich der gemeinnützigen Zuwendungen.

Treffen

Jährlich findet mindestens eine Sitzung pro Gruppe mit dem Beraterteam und eine Sitzung ohne Beraterteam statt. Es können zusätzliche Sitzungen einberufen werden.

Finanzielle Unterstützung von Familienmitgliedern

Die direkten Nachkommen der wirtschaftlich Berechtigten erhalten jährlich eine vorher abgemachte Zuwendung. Benötigt ein Familienmitglied zusätzliche Mittel, wird das mit den Eltern und den direkten Nachkommen besprochen.

Finanzanlagen und Notfallplan

Zusätzlich zum Leitbild wird auf das IPS (Investment Policy Statement) verwiesen. Darin werden sämtliche Anlagenthemen behandelt. Es soll den Nachkommen im Notfall auch als Leitfaden dienen. Zusätzlich besteht ein Notfallplan. In diesem sind Sofortmassnahmen, wichtige Kontaktpersonen, Adressen, Passwörter usw. festgehalten. Alle erwähnten Dokumente wie auch dieses Leitbild sind beim Beraterteam des Family Office einsehbar.

Philanthropie

– Alle Vergabungen kommen vollumfänglich dem betreffenden Projekt zugute. Von Familienmitgliedern, die sich engagieren wollen, erwarten wir uneigennütziges Engagement. Das bedeutet: Keine Spesen zulasten des zur Verfügung stehenden Betrages. Alle Teilnehmer kommen für ihre Aufwendungen selbst auf. Die finanziellen Zuwendungen werden wir neutral, ohne Nennung von Namen aus unserem Kreis, durchführen.

– Die Mittel sollen so eingesetzt werden, dass sie möglichst nachhaltig und effektiv wirken. Das bedeutet, dass der Empfänger den Nutzen der Unterstützung klar darstellen kann.

– Jeder Teilnehmer soll entsprechend seinen Möglichkeiten durch das Einbringen oder die Mitarbeit bei Projekten, durch persönlichen Einsatz und durch kritische Hinterfragung beitragen.

– Wir suchen möglichst direkte Zuwendungen und Transparenz in der Verwendung der Mittel, nicht grosse Sammeltöpfe.

– Die Anzahl von Projekten soll überschaubar sein, nicht zu kleine und nicht zu grosse Summen, z. B. mindestens ... Franken, maximal ... Franken pro Projekt.

– Wir wollen grundsätzlich dort unterstützen, wo unser Beitrag relevant ist, wo Not besteht und es keine oder zu wenig finanzielle Hilfe gibt.

Anpassungen/Veränderungen

Das Leitbild kann bei Bedarf angepasst werden. Änderungsvorschläge sind den Eltern und den direkten Nachkommen vorbehalten. Die Entscheidungskompetenz liegt auch hier bei den Eltern. Es ist empfehlenswert, spätestens alle fünf Jahre das Leitbild einer Revision zu unterziehen. Beim Vermögensübergang an die nächste Generation sollte ebenfalls eine Revision stattfinden.

Das Leitbild der Familie Dettwyler* ist kaum zwei Seiten lang. Seit seiner Entstehung vor drei Jahren kam es zu einigen Anpassungen. So wurde zum Beispiel das Mindestalter für die Teilnahme an den Philanthropie-Sitzungen von 20 auf 14 Jahre reduziert. Die Philanthropie ist in dieser Familie für die jüngere Generation die Eingangspforte zum gemeinsamen Erarbeiten von Lösungen.

DAS LEITBILD IST WANDELBAR

Es gibt ältere Generationen, die glauben, dass sie nachfolgenden Generationen die Interessen und Werte vorschreiben können. Wie bereits erwähnt, hat aber jede Generation andere Interessen und Vorstellungen und es ist oft ein Irrglaube, davon auszugehen, dass sämtliche Punkte des Leitbilds unverändert von der nächsten Generation übernommen werden.

Jeder Punkt des Leitbilds sollte von jedem Familienmitglied hinterfragt werden dürfen. Die Nachfahren sollten auch die Möglichkeit haben, das Leitbild anzupassen, wenn sie grössere Verantwortung übernommen haben. Besteht diese Möglichkeit, wird auch einer der häufig erwähnten Nachteile des Leitbilds bis zu einem gewissen Punkt entkräftet: Das Leitbild soll nicht einengen und eine Hürde für die Nachkommen sein, sondern vor allem leitenden Charakter haben. Einige unterziehen das Leitbild alle fünf Jahre einer Revision. Andere entscheiden, dass allen Parteien das Recht zusteht, einen Passus des Leitbilds zur Diskussion zu stellen. Wenn es keine Vorstösse gibt, geht man davon aus, dass es auch nichts zu ändern gibt. Eine Revision wird aber in den meisten Fällen vorgenommen, wenn es zum Generationenwechsel kommt.

ARGUMENTE DAFÜR UND DAGEGEN

Die Erfahrung, die Marcuard Family Office in der Zusammenarbeit mit Familien gemacht hat, zeigt, dass ein schriftliches Leitbild dort Sinn macht, wo sich Familien zu gemeinsamen Werten bekennen, aus denen Rechte und Plichten abgeleitet werden. Es ist dann nicht der Stichtag des Vermögensübergangs entscheidend, wo alles brüderlich und schwesterlich aufgeteilt wird, sondern die Entscheidungen, die von allen Familienmitgliedern mitgetragen werden. Das Familienleitbild gewinnt an Wert und Verbindlichkeit, wenn es von allen Beteiligten unterschrieben wird.

Vielfach ist es das leere Blatt Papier, das Familien davon abhält, mit einem Leitbild zu beginnen. Einfacher ist es, sich vom Berater oder Anwalt ein Leitbild verfassen zu lassen. Wir sind der Meinung, dass dies der falsche Weg ist. Ein Leitbild ist kein Rechtsdokument und kann nur durch die Direktbetroffenen erstellt werden, sonst hat es weder Gültigkeit noch Durchsetzungskraft. Der Berater kann jedoch begleiten und Alternativen aufzeigen.

Wir haben in unseren Interviews keinen Konsens festgestellt, ob es ein Leitbild braucht oder nicht. «Es gibt keine eindeutige Antwort. Viel wichtiger ist der Prozess der Family Governance, den man so offen wie möglich starten sollte. Aus diesem Prozess ergibt sich dann ein Leitbild oder eben nicht», sagt Heinrich Christen von EY. Wichtig scheint uns, dass der Entscheid für oder gegen ein solches Dokument von allen Familienmitgliedern gemeinsam gefällt wird. Ein Leitbild solle einfach und verständlich formuliert sein und sich auf das Wichtigste beschränken, sonst enge es die Nachkommen zu fest ein, sagt Christen. Es sei unsinnig, sich von Anfang an ein Leitbild als Ziel zu setzen, auch wenn das Berater oder Familienmitglieder immer wieder tun. Das verschaffe nur unnötigen Druck, sagt er.

Roland Fuchs* lehnt ein Familienleitbild ab, weil es seine Nachkommen davon abhalten könnte, den eigenen Weg zu finden. Für ihn ist vor allem wichtig, wie er sein Leben gestalten will – er hat ein Leitbild für sich selbst erstellt. «Nach einer beruflichen Zäsur, die mein Leben veränderte, bin ich in mich gegangen, und habe aufgeschrieben, was für mich wichtig ist. Als Familie sind wir zu liberal aufgestellt, um Dinge in einem Vertrag festzuhalten. Ich bin auch dankbar, dass mir meine Eltern viel Freiheit gelassen haben», sagt er. Seine Familie pflegt den informellen Austausch und fällt gemeinsame Entscheidungen am Familientisch.

Die Familie von Michael Vogt* hingegen hat vor kurzem ein Leitbild erstellt. «Es ging uns vor allem um die Integration der dritten Generation», sagt Vogt*. Dieser mittlerweile erwachsenen Generation wurde die Nutzniessung eines Vermögensanteils zuteil. An zwei Familiensitzungen pro Jahr, an denen alle Mitglieder der zweiten und dritten Generation teilnehmen, tauschen sie sich aus, und die Jüngeren lernen mit dem Vermögen und dessen Verwaltung umzugehen. Bei dieser Gelegenheit arbeitet die Familie auch an einem Leitbild. Sein Zweck ist es, einen Verhaltenskodex zu entwickeln. Vogt* ist überzeugt, dass gemeinsam erarbeitete Grundwerte es einfacher machen, mit Vermögen umzugehen. «Durch die Mitarbeit aller aktuellen und zukünftigen Entscheidungsträger an einem gemeinsamen Dokument wächst der gegenseitige Respekt, die Transparenz und das Verantwortungsgefühl. Es braucht etwas Schriftliches, das von allen unterschrieben wird», sagt er. Den Anstoss hat in diesem Fall also der Wunsch gegeben, die nächste Generation auf den Umgang mit grösseren Summen vorzubereiten. Nicht alle Nachkommen verfügen über die gleiche Ausbildung und die gleichen Fähigkeiten. Sie eignen sich durch die Diskussion mit den Vorfahren über gemeinsame Werte auch finanzielles Wissen an.

Bei komplexen Vermögensstrukturen und grossen Familien mit mehreren Generationen und zahlreichen Mitgliedern sind die Vorteile eines ordnenden Dokuments offensichtlich, dieser Meinung waren auch viele unserer Gesprächspartner. Der Umkehrschluss, dass es unnötig sei, wenn die Familien- und Vermögenssituation überschaubar ist, ist aber nicht zwingend richtig. Die Diskussion über den Zweck des Vermögens und dessen Verwendung, die für die Erarbeitung eines Leitbilds nötig ist, entfaltet auch im kleinen Kreis ihre erhellende Wirkung.

9 PHILANTHROPIE

«One, the people who did a little and made a great deal of noise; the other, the people who did a great deal and made no noise at all.»

Charles Dickens, *Bleak House,* broadview editions: Ontario 2011, S. 143

WARUM PHILANTHROPIE?

Wenn es nur noch darum geht, an sich selbst zu denken, das eigene Vermögen zu wahren, zu mehren oder auszugeben, verliert die privilegierte Situation an Sinnhaftigkeit und «raison d'être». Was sinnhaft ist, ergibt sich aus den Werten und den Erfahrungen der Familie. Teile des Vermögens können durch ihre Verwendung für einen guten Zweck zum Vermächtnis werden, an dem die Familienmitglieder teilhaben können, aber nicht müssen. Philanthropie kann für die jüngeren Generationen ein Einstieg zum gemeinsamen, interfamiliären Erarbeiten von Lösungen werden. Sie profitieren davon nicht materiell, sondern gewinnen so schon früh in der Diskussion um die sinnvolle Verwendung von Vermögen eine Stimme.

Die Wege zur Philanthropie sind nicht zuletzt abhängig davon, wie stark man sich selbst engagieren und mit einem Thema befassen will. Spenden an wohltätige Organisationen oder bestehende Stiftungen kann man einmalig oder wiederholt vornehmen. Für Letzteres spricht aus Sicht des Empfängers die bessere Planbarkeit und aus Sicht des Spenders die Langfristigkeit des Engagements.

Manchmal denken Vermögende, dass die Gründung einer Stiftung, die den eigenen Namen trägt, der Königsweg der Philanthropie sei. Sie zu errichten ist mit einem Kapital von mindestens 50 000 Franken möglich. Tatsächlich sollte man mit einem Stiftungskapital von weniger als fünf bis zehn Millionen Franken aber keine eigene Stiftung errichten, weil der administrative Aufwand zu gross ist.[26] Auch wer deutlich mehr stiften will, sollte prüfen, ob nicht schon andere Gefässe, allenfalls auch Dachstiftungen, den gleichen Stiftungszweck verfolgen, der einem am Herzen liegt. Die Zustiftung ist eine effiziente Form des Gebens.

---

26 Stamm, Eugen: «Die Unsterblichkeit des Namens hat ihren Preis», NZZ, 17. 9. 2015, https://www.nzz.ch/finanzen/die-unsterblichkeit-des-namens-hat-ihren-preis-1.18612676 (Zugriff: 23. 1. 2019).

Das philanthropische Engagement der Schweizer ist beträchtlich. Der Schweizerische Stiftungsreport 2018 informiert darüber, dass es in unserem Land 13 129 gemeinnützige Stiftungen gibt. In den letzten 20 Jahren hat sich die Anzahl der Stiftungen verdoppelt, und die Schweiz nimmt in der Stiftungsdichte pro Einwohner einen internationalen Spitzenplatz ein. Das gesamte Stiftungsvermögen betrug per Ende 2017 97,4 Milliarden Franken und lag damit 30 Prozent höher als 2012.[27]

Für Michael Vogt* ist sein erfolgreiches Unternehmen, das sich zum Standort Schweiz bekennt, ebenfalls eine Form von sozialem Engagement: «Ich bin bei Spenden eher selektiv, abgesehen von einer Stiftung, die die Ausbildung von jungen Fachkräften in der Industrie unterstützt. Als Unternehmer leistet man mit der Schaffung von attraktiven Arbeitsplätzen und dem Zahlen von Steuern ebenfalls einen sozialen Beitrag an die Gesellschaft. Wir bekennen uns zu unseren Mitarbeitenden und zu einem ethischen Geschäftsgebaren.»

Für Alfred Gross* bedeutet Engagement nicht nur, Geld zu spenden, sondern mit persönlichem Engagement zum lokalen und nationalen Gemeinwohl beizutragen. «Das Milizsystem ist in der Schweiz stark ausgeprägt, und das ist gut so. Ich habe neben meiner beruflichen Tätigkeit viele Diensttage im Militär geleistet und auch politische Ämter übernommen. Ich fand es immer wichtig, der Öffentlichkeit meine Zeit zur Verfügung zu stellen.»

ALLES ZU SEINER ZEIT

«Bis 30 kommt die Ausbildung, bis 60 die Arbeit und die Familie, ab 60 dann die Gemeinnützigkeit und allenfalls ein politisches Engagement.» So sehen die klar definierten Schritte von Claudia Huwyler* aus. Sie will der Gemeinnützigkeit zeitlich erst dann einen hohen Stellenwert einräumen, wenn sich ihr berufliches und familiäres Engagement reduziert. Das hält sie aber nicht davon ab, sich schon früher sozial wichtigen Themen wie der Gleichstellung am Arbeitsplatz zu widmen. Diese Haltung wird durch Dieter und Daniela Dettwyler* bestätigt. Sie

---

27 Der Schweizer Stiftungsreport 2018, CEPS Datenbank, S. 6 ; https://www.swissfoundations. ch/de/stiftungsreport. (Zugriff: 24. 10. 2018).

haben ihr Unternehmen kurz vor der Pensionierung verkauft. Vor dem Verkauf habe sich fast alles um das Fortkommen des Unternehmens gedreht. Danach entstand Raum für Gemeinnützigkeit ausserhalb der unternehmerischen Tätigkeit. Ein Teil des liquiden Vermögens überführen sie nun in eine Stiftung. Obwohl sie schon vorher jedes Jahr mal hier mal dort gespendet haben, sei eine Stiftung nie ein Thema gewesen. Es habe schlichtweg die Zeit gefehlt.

Es mag sinnvoll sein, erst nach dem beruflichen Engagement philanthropisch tätig zu sein, meint Roland Fuchs*. «Der Unternehmer oder die Unternehmerin sind ungeduldige Macher. Der Philanthrop hingegen nimmt kleinere Schritte. Die Prozesse brauchen mehr Zeit, Geduld ist gefragt. Zudem ist die Wirkung der Tätigkeit nicht immer deutlich sichtbar.» Fuchs* hat nach seiner Tätigkeit als Manager seine Stiftung aufgebaut. Ursprünglich ist sie als Verbrauchsstiftung angelegt worden, also als Stiftung, die ihre Mittel in einer gewissen Zeit vergibt. Dank ihres Erfolgs und Beiträgen von anderen Stiftungen ist sie mittlerweile längerfristig tragfähig.

Die Verfasser sind der Meinung, dass es keine so strikte Unterscheidung zwischen Arbeitsleben und einer philanthropischen Phase braucht. Wenn man Zeit dafür findet, sollte man sich schon früh engagieren. Je früher man das tut, desto eher sieht man in einem bestimmten Feld auch einen Fortschritt. Nur schon herauszufinden, wofür man sich engagieren will, ist manchmal ein langer Prozess. Paradoxerweise kann es gerade für Leute, die denken, sie hätten viel zu wenig Zeit für alles, einen Gewinn bedeuten, ein paar Stunden pro Woche für einen guten Zweck zu opfern. Man bekommt dadurch nämlich das Gefühl, dass einem doch mehr Zeit zur Verfügung steht, als man immer glaubte.

Eine Stiftung erst durch eine Verfügung von Todes wegen, beispielsweise im Testament, zu errichten, findet Fuchs* unethisch. Die Nachkommen müssten dann als Stiftungspräsident oder -präsidentin eine Verantwortung übernehmen, die sie nicht wollten und auf die sie auch nicht vorbereitet wurden. Erziehung durch Testament ist auch in dieser Konstellation zum Scheitern verurteilt.

Caroline Piraud von der Julius Bär Stiftung weist darauf hin, dass das Stiftungskapital nach spätestens zwei Generationen ausgeschüttet sein sollte. Stiftungen, die auf eine Laufzeit von mehr als 50 Jahren angelegt sind, können für die Nachkommen zum Problem werden: Die Identifikation mit dem Stiftungszweck nimmt ab, der Stiftungszweck kann unter Umständen nicht mehr erreicht werden, ist nicht mehr so wichtig oder die Familienstruktur hat sich stark verändert. Das Ewigkeitsprinzip ist in der Stiftungslandschaft ein wiederkehrendes Thema und führt zu unzähligen leblosen Stiftungen. Die Möglichkeit einer befristeten Stiftung sollte zumindest geprüft werden.

GEMEINNUTZ STATT EIGENNUTZ

Der Vater von Lukas Fischer* fühlt sich vor allem seiner Geburts- und Wohngemeinde verbunden. Er lässt ein Gebäude renovieren, das Menschen in Not eine Unterkunft gewährt, und unterstützt den Bau eines Kleintheaters, anonym, indem er Tausendernoten auf der Post einbezahlt. Es soll niemand wissen, wer hinter der Finanzierung steht, er will sich nicht den Nimbus des grosszügigen Gönners verschaffen. Das würde, glaubt er, zwischen ihm und seinem Umfeld eine ungewollte Distanz schaffen.

Wo verläuft die Trennlinie zwischen uneigennütziger Stiftung und Marketing in eigener Sache? In einer Umfrage von Edelman Trust Barometer aus dem Jahre 2017[28] waren 78 Prozent der Befragten überzeugt, dass vermögende Familien oder Privatpersonen aus mindestens einem der folgenden Gründe gemeinnützige Stiftungen unterstützen:
– um politischen Einfluss auszuüben
– aus Eitelkeit und Eigenwerbung
– um Schuldgefühle zu lindern

Diese negative Aussensicht ist möglicherweise ein Grund dafür, dass viele Vermögende Philanthropie immer noch sehr diskret betreiben. Dabei hätten sie die Möglichkeit, durch ihr Vorbild das Interesse anderer für dieselbe Sache zu wecken. Vermögende Familien sollten Antworten auf folgende Fragen suchen: Wieso tun wir es? Wird das Enga-

28 Edelman Trust Barometer 2017, Family Business Supplement; Online-Umfrage in zwölf Ländern, über 1000 Teilnehmer, durchgeführt vom 7.–27. 7. 2017, Alter 18+; https://www.slideshare.net/EdelmanInsights/2017-edelman-trust-barometer-special-report-family-business. (Zugriff: 20. 1. 2019).

gement von der Mehrheit der Familie getragen? Engagieren wir uns nur finanziell oder stellen wir auch unsere Zeit zur Verfügung? Will die Familie anonym bleiben oder unter ihrem Namen spenden? Wir verweisen in diesem Zusammenhang auch auf das Beispiel im Leitbild der Familie Dettwyler* auf S. 135 in diesem Buch.

Die Verfasser sind überzeugt, dass eine gut funktionierende Familien-Philanthropie für das Vertrauen und die Nachfolgeplanung innerhalb der Familie hilfreich ist. In der Diskussion über mögliche Verwendungszwecke eines jährlichen Spendenbudgets der Familie wird die gemeinsame Konsensfindung geübt. Sind kollektive Entscheidungsmechanismen und Differenzbereinigungsverfahren in der Familie etabliert, erhöht sich dadurch auch die Wahrscheinlichkeit eines erfolgreichen Vermögensübergangs.

Wenn sich die Familie zusammensetzt und nur über das Vermögen spricht, besteht die Gefahr, dass sich die einzelnen Familienmitglieder darauf fokussieren, wer welche Auszahlung wann bekommt. Es geht in erster Linie um den eigenen Nutzen oder darum, was man sich mit der kommenden Auszahlung alles leisten kann. Der Gemeinnutz einer nachhaltigen philanthropischen Aktivität hingegen fokussiert die Aufmerksamkeit auf übergeordnete Ziele.

VERMÖGEN BRAUCHT IDENTITÄT

Roland Fuchs* sagt, dass er nie verstanden habe, warum gutverdienende Menschen nur damit beschäftigt sein können, ihr eigenes Leben zu optimieren. Er hat sich mit seiner gemeinnützigen Stiftung derjenigen Menschen angenommen, die in Armut leben. Sein Ziel ist nicht, Geschenke zu verteilen, sondern Menschen, die sich ausserhalb des Wirtschaftskreislaufs befinden, zu befähigen, für sich und ihre Familien zu sorgen. Solche Initiativen wollen die Kluft zwischen Arm und Reich verringern und die Solidarität zwischen den Menschen fördern.

Die Wahrscheinlichkeit ist gross, dass eine privilegierte Familie durch die Philanthropie mit Menschen in Kontakt kommt, die sie sonst nie kennenlernen würde. Es ist bezeichnend, dass dieses verbindende Element vielfach durch Frauen und Nachkommen gesucht und gefördert wird. Diese Familienmitglieder, die (noch) nicht primär unternehmerische Aufgaben haben, setzen sich mit Interesse für gemeinnützige

Tätigkeiten ein, wenn denn wirklich auch ein gesellschaftlicher Nutzen entsteht. Nicht wenige finden diese Arbeit interessanter als ein Unternehmen zu führen oder das Vermögen zu mehren. Die Philanthropie hat auch den Vorteil, dass die Kinder schon recht früh an Werte wie Solidarität und Engagement im Zusammenhang mit dem Vermögen herangeführt werden können.

In der Familie Fuchs* haben sich zwei der drei Kinder von der Aufgabe der Stiftung überzeugen lassen. Das dritte Kind interessiert das im Moment nicht. Das sei kein Problem, sagt Fuchs*, die Stiftung sei sein Steckenpferd und er finde es nicht fair, die Kinder zur Mitwirkung zu verpflichten.

OHNE NACHKOMMEN

Die Herausforderung, wem sie ihr Vermögen übergeben wollen, stellt sich für Menschen ohne Nachkommen besonders offensichtlich. «Vermögen war für mich noch nie mit Nachkommen verknüpft. Es diente vor allem dazu, Träume zu verwirklichen, eigene wie auch fremde, und in Notsituationen Linderung zu schaffen», sagt Gabriella De Bona*. Es wird rasch klar, dass Träume verwirklichen für De Bona* nichts mit Luxus zu tun hat: «Mein liquides Vermögen ist erst in meiner zweiten Lebenshälfte gewachsen. Davor hatte ich mir einen bescheidenen Lebensstil angeeignet. Ich hatte auch mit Vermögen nie das Gefühl, materiell irgendetwas nachholen zu müssen.»

Gut situierte Personen können, wenn Nachkommen fehlen, auch ihre Eltern berücksichtigen: «Meine Eltern mussten aufgrund einer Krankheit und ihres Engagements für uns Kinder auf vieles verzichten. In ihren späteren Jahren wollte ich ihnen all das ermöglichen, worauf sie viele Jahre lang verzichtet hatten», sagt De Bona*. Es ist gut vorstellbar, dass ein Vermögensübergang in die andere Richtung für beide Parteien Gutes bewirken kann.

Vor allem alleinstehende Personen berücksichtigen Organisationen, die ihnen oder einem lieben Menschen in Not geholfen haben. Es kann sich dabei um Krankheit, Unfall oder eine andere tragische oder berührende Begebenheit handeln. Die direkt Betroffenen haben miterlebt, was deren Engagement bewirkt hat, und sind dafür vielfach ein Leben lang dankbar. Das ist für sie Grund genug, zu spenden und mitzuhelfen, dass diese Organisationen weiterhin arbeiten und Menschen in vergleichbaren Situationen helfen können. Ihre Sinnhaftigkeit wird in einem solchen Fall selten angezweifelt.

Es sind nicht nur die Eltern und Grosseltern, die sich mit dem Vermögensübergang beschäftigen, sondern auch diejenigen, die keine Nachkommen haben. Ihnen ist es ebenso wichtig, dass ihr Vermögen in Hände kommt, die damit umzugehen wissen und das Gute und Sinnvolle tun, das man sich als Erblasser wünscht. Auch ohne Blutsverwandtschaft.

Ein beträchtlicher Teil des Vermögens von René Gross* ist in seinem Unternehmen gebunden. Er führt es als Mehrheitsaktionär in dritter Generation. Der Verkauf wird sich eines Tages aufdrängen, da er und seine Frau Claire keine Nachkommen haben. Ein grosser Teil davon soll einem guten Zweck zugeführt werden: «Meine Frau und ich wollen die Welt nicht nur als Konsumenten verlassen.» Vermögen war für beide immer Mittel zum Zweck, und der Verkauf des Unternehmens wird ihren Lebensstandard nicht verändern. Trotzdem wird es ihm dereinst leichter fallen, von der Substanz zu zehren als seinen Vorfahren, die unbedingt den Nachkommen *gutes Vermögen* weitergeben wollten.

Für ihn und seine Frau stand die Familiengründung nicht im Vordergrund, da sich beide vor allem beruflich verwirklichen wollten. Das war in den Generationen vor ihm mit der klassischen Rollenverteilung wenig üblich. Einen guten Zweck sieht das Ehepaar vor allem in der Bildung von jungen Menschen in weniger gut entwickelten Regionen. Einige Projekte unterstützen sie schon heute und überlegen sich, auch in naher Zukunft grössere Vergabungen zu machen. Sie haben auch Interesse, sich persönlich einzubringen und mitzugestalten. Ob sie eine eigene Stiftung aufbauen wollen oder sich einer bestehenden anschliessen, hängt vor allem auch davon ab, ob die bereits existierende Stiftung ihren Vorstellungen entsprechen wird.

10   VERMÖGEN ALS AUFGABE

«Man soll die Dinge so nehmen, wie sie kommen. Aber man sollte auch dafür sorgen, dass die Dinge so kommen, wie man sie nehmen möchte.»

Curt Goetz (1888–1960)

VERMÖGEN GARANTIERT KEIN SORGENFREIES LEBEN

Wie wir in den vorangehenden Kapiteln geschildert haben, gibt es für Vermögende Gründe genug, sich über Geld und Werte Gedanken zu machen. Naturgemäss verlangt ein Unternehmen oder ein Vermögen viel Aufmerksamkeit und Zuwendung. Überdies ist der Erfolg, den dieses Handeln nach sich zieht, messbar. Zunehmende Grösse und Komplexität des Vermögens erfordern zusätzliches Engagement. So wächst die Liste von Entscheidungen, die es zu treffen gilt, und von Dingen, die noch erledigt werden müssen. Dabei wäre es durchaus angebracht, sich einen Moment zurückzulehnen.

Millionen von Menschen hoffen jeden Tag, nur einen winzigen Bruchteil der Sicherheit zu haben, die Vermögen verleiht. Sie sind damit beschäftigt, gerade genug zum Leben zusammenzutragen. Vermögensbildung ist für sie utopisch. Die Situation, von den Zinsen des Kapitals allein leben zu können, ist in ihren Augen schlicht unvorstellbar. Das Wissen darum, dass es dem Vermögenden besser geht als den restlichen 99 Prozent der Menschheit, macht aber noch nicht glücklich.

Erfolg wird in den Augen vieler immer noch durch die Höhe des Einkommens und des Vermögens definiert. Wie viel man verdient, wird wie die Punktzahl in einem Computerspiel angesehen, die anzeigt, wie weit man im Spiel gekommen ist. Geld wird so zum Massstab des Erfolgs. Und wenn man erst einmal Geld zu einer Priorität im Leben gemacht hat, gibt es keine Basis mehr, auf der man entscheidet, genug erreicht zu haben. Man will weiterspielen. So verwandelt sich Geld von einem nützlichen Instrument, mit dem man Dinge erreichen kann, die einem am Herzen liegen, zu einer Droge, von der es immer mehr zu beschaffen gilt. Vielfach verbiegt man sich dafür und arbeitet beispielsweise in einer Umgebung weiter, die man schon lange verlassen hätte, wenn das Salär nicht so hoch wäre. «Noch fünf Jahre, dann habe ich genug beisammen.» Aus dem Jahrfünft wird dann meist ein ganzes Leben. Stattdessen wäre es sinnvoller, sich darauf zu konzentrieren, wofür man das Geld tatsächlich einsetzen will.

Ebenso problematisch ist die Distanz zum Vermögen, die sich bei manchen Erben einstellt. Nicht nur Aussenstehende wundern sich, warum die Geburtslotterie ihre Gunst so ungleich verteilt, sondern manchmal auch die Empfänger. Statt sich zu freuen, wie es sich aus Sicht der Eltern gehören würde, hinterfragen sie das nicht selbst verdiente Geld. Wenn nichtmaterielle Werte für sie zentral sind oder sie eine sehr kritische Einstellung zum kapitalistischen System haben, das ihnen diesen Überfluss verschafft hat, dann bleibt dieses Geld oft ein Fremdkörper für sie. Sie laufen dann aber auch wegen ihrer Distanz und ihrem Unwillen, sich mit Vermögensfragen zu beschäftigen, Gefahr, falsch beraten oder ausgenutzt zu werden. Oder sie lassen das Potenzial, das ihnen dieses Vermögen verschafft, ungenutzt.

Es ist auch schon vorgekommen, dass ein Empfänger eine Millionenerbschaft weiterverschenkte, weil er mit dem Erblasser auch nach dessen Tod nichts zu tun haben wollte. Man kann sich zu viel um Geld sorgen oder zu wenig, eine gesunde Balance zu finden, ist einfacher gesagt als getan. Wir glauben, dass Vermögen eine Aufgabe ist, und die erste Teilaufgabe davon ist, die persönliche Einstellung dazu zu klären.

DIE FREIHEIT KOMMT NICHT AUTOMATISCH

Wenn man vermögend ist, kann einem niemand vorschreiben, wie man sein Leben zu gestalten hat, müsste man meinen. Und trotzdem ist es gerade für Erben nicht einfach, sich von der Last eines Vermögens zu emanzipieren und die eigene Freiheit abzustecken. Das Problem liegt in der scheinbar unendlichen Zahl an Optionen, die einem offenstehen. Schon heute könnte man sich entscheiden, den Rest seiner Tage einer Leidenschaft zu widmen – aber welcher genau? Die Freiheit, sich alle Dinge zu kaufen, die man will, ist nicht die Freiheit, die zählt. Es geht darum herauszufinden, wer man werden will.

Es scheint fast selbstverständlich, dass Geld das berufliche Fortkommen unterstützt. Ganz so einfach ist die Gleichung aber nicht. Zuerst einmal verhindert zu viel Geld manchmal den Erfolg, etwa wenn jemand ein Unternehmen gründet und jedes auftauchende Problem mit noch mehr Geld lösen will. Hindernisse finanzieller Art schärfen die

Denkweise. Andererseits relativiert Vermögen leider auch den unternehmerischen Erfolg: «Wäre ich so reich, hätte ich das auch gekonnt», heisst es dann von aussen. Das ist aber kein Grund, sich von etwas abhalten zu lassen, von dem man sich viel verspricht. Den Rückenwind und die Risikofähigkeit, die Vermögen verleihen, sollte man selbstbewusst zu nutzen wissen. Man darf sich aber auch nicht blenden lassen; ein Geschäft, das jahraus, jahrein, Defizite produziert, die durch das Vermögen gestopft werden müssen, ist keine Befreiung, sondern eine unsinnige Form der Beschäftigungstherapie.

Die Notwendigkeit, zu arbeiten, um sein Brot zu verdienen, ist für viele ein Weg, herauszufinden, was sie besonders gerne tun und wo ihre Talente liegen. Arbeit befriedigt und bringt uns, hoffentlich, Selbstachtung und Anerkennung anderer Menschen ein. Deswegen sollte niemand kraft seines Vermögens andere Familienmitglieder (oder sich selbst) davon abhalten, sich eine sinnvolle Arbeit zu suchen, ganz egal wie klein die entsprechenden Einkünfte im Vergleich zu den Vermögenserträgen sein mögen. Der Aussage «Du hast das doch nicht nötig» mangelt es unserer Meinung nach an Wertschätzung, auch für alle anderen Personen, die von diesem Einkommen leben müssen.

VERMÖGEN BRAUCHT EINE FAMILIÄRE GEBRAUCHSANLEITUNG

Familien können mit dem Vermögen als Kristallisationspunkt ihre Gemeinschaft stärken. Wir sind uns aber auch bewusst, dass es Geld für einen gesunden Zusammenhalt nicht braucht. Stellt man es dauernd in den Mittelpunkt, kann die Solidarität mit anderen Familienmitgliedern sogar sinken. Ausserdem sollte es nicht missbraucht werden, um Bindungen einzugehen, die sonst gar nicht bestehen würden.

Family Governance, wie wir sie verstehen, hat die Aufgabe, familiäre Gemeinsamkeiten zu entdecken und Konfliktfelder aufzuräumen. Ziel ist es, beim Vermögensübergang Streit zu vermeiden. Ganz nebenbei gewinnt man dank eines solchen Prozesses eine bewusstere Einstellung zu Geld als vorher, und vielleicht getraut man sich dann auch, Akzente zu setzen. Wir denken, dass Geld durchaus verpflichtet, nicht nur zu einem sorgsamen Umgang und zur Steuererklärung, sondern auch zur Auseinandersetzung mit dem Thema, die über das Auf und Ab an der Börse hinausgeht. Wer plant, der nächsten Generation Vermögenswerte zu übergeben, der darf und muss sich und seine Nachkommen darauf vorbereiten. Vermögend zu sein, trägt als Teilaufgabe in sich, Stellung zu beziehen. Dabei scheint uns wichtig, die Prioritäten richtig zu setzen. Die Nachkommen werden kaum eines Tages fragen, warum man 2019 eine Performance von zwei Prozent erzielt hat statt acht Prozent. Aber sie werden fragen, warum es Ungleichheit und Ungerechtigkeit gibt auf der Welt. Und wenn man viel arbeitet, um das Vermögen zu mehren, kann später die Zeit kommen, wo man sich wünschte, als Vater oder Mutter mehr Zeit für die Kinder gehabt zu haben.

VERMÖGEN KANN EINSAM MACHEN

Vermögende sind eine Subkultur, auch in der Schweiz eher klein an der Zahl, aber gross in ihrer Strahlkraft, faszinierend, aber für einige auch abstossend. Menschen träumen zwar von Autos und Villen, die sie als Zeichen von Reichtum sehen, reden sich gleichzeitig aber auch ein, dass es für Vermögende offensichtlich schwer ist, ein moralisches Leben zu führen – aus irgendeinem Grund soll das den Armen vorbehalten sein. Die Medien berichten gern über die Verfehlungen und Tragödien der Reichen, sodass man fast annehmen muss, wo Luxus sei, sei auch Verderbnis. Dieses Zerrbild entsteht vielleicht auch deswegen, weil gerade diejenigen Vermögenden, die als Vorbilder dienen könnten, sich möglichst wenig in der Öffentlichkeit zeigen, ihren Reichtum nicht zur Schau stellen und deshalb nicht wahrgenommen werden.

Es gibt Vermögende, die es sich gewohnt sind, dank ihrer Kaufkraft immer und überall bevorzugt behandelt zu werden. Mit der Zeit entwickeln sie die Erwartungshaltung, dass sich jeder ihnen gegenüber unterwürfig zeigen sollte. Eine solche Einstellung überträgt sich zwangsläufig auf die Nachkommen und wirkt sich bei jungen Menschen noch problematischer aus als bei den Eltern. Reichtum macht auch immer ein bisschen skeptisch: «Werde ich als Person geschätzt oder wegen meines Geldes?» Man wird misstrauisch und sondert sich ab.

In der Schweiz ist es, anders als in anderen Ländern, kein Sicherheitsrisiko, vermögend zu sein, ob nun öffentlich bekannt oder nicht. Deswegen ist es auch nicht nötig, sich abzuschotten. Für die nächste Generation ist es unserer Meinung nach hilfreich und wichtig, in sozial durchmischten Quartieren aufzuwachsen und Freunde zu gewinnen, die nicht nur Millionäre als Eltern haben. Unter diesem Gesichtspunkt sind die teuersten Wohnlagen nicht unbedingt die vorteilhaftesten. Als Vermögender hat man unserer Meinung nach nicht die Aufgabe, seinen Nachkommen einen goldenen Käfig zu bauen, der sie einsam machen wird, sondern nach Wegen zu suchen, wie man die Wände der Subkultur durchbrechen kann. Wie bereits erwähnt: Wenn man mehr hat, als man braucht, soll man einen längeren Tisch bauen, nicht höhere Mauern.

VOM MANN AM NEUMARKT BIS ZUR PHILANTHROPIE …

… ist ein langer Weg. Was sind nun die Empfehlungen für eine erfolgreiche Vermögensübergabe? Durch die Gespräche mit unseren Interviewpartnern erhielten wir Einsicht, wie dieser Prozess gestaltet und begleitet werden kann. Sehr vieles hat uns beeindruckt, und wir meinen, dass es viele Familien ermutigen kann, das eine oder andere zu übernehmen. Müssten die Verfasser sich auf die sieben wichtigsten Erkenntnisse konzentrieren, wären es die folgenden:

- Die Eltern sind den Kindern ein Vorbild im sorgsamen Umgang mit Vermögen und bilden diese altersgerecht aus.
- Die Familie führt einen Lebensstil, den die Nachkommen später auch mit eigenen Mitteln fortführen können und der Kontakt zu anderen sozialen Schichten zulässt.
- Die Familienmitglieder kommunizieren regelmässig und offen miteinander, welche Werte im Umgang mit Vermögen ihnen besonders wichtig sind.
- Die Nachkommen finden ihren eigenen Weg, der nicht primär von der Unterstützung der Eltern abhängig ist.
- Die Familienmitglieder achten die unterschiedlichen Einstellungen der anderen in Geldfragen.
- Die Nachlassplanung ist frei von erzieherischen Massnahmen und Strukturen, die Generationen überdauern. Sie erfolgt frühzeitig und unter Einbezug der Nachkommen.
- Die Nachkommen sind gleich zu behandeln und auch gleich zu informieren. Eine begründete Ungleichbehandlung wird zuerst im Familienkreis abgesprochen.

ANHANG

GLOSSAR

Die nachfolgenden Definitionen basieren auf dem Verständnis und der Interpretation der Verfasser und sind im Zusammenhang mit dem Inhalt dieses Buchs zu sehen.

Affluenza

Wenn zu viel nie genug ist. Das Wort setzt sich zusammen aus dem englischen *affluent* (wohlhabend) und *influenza* (Grippe) und beschreibt den schmerzhaften und ansteckenden Zustand, immer mehr zu wollen. Er bezieht sich auch auf die Unfähigkeit finanziell privilegierter Menschen, Verantwortung für ihr Leben und ihre Taten zu übernehmen.

Altes Vermögen

Vermögen, das seit drei oder mehr Generationen in der Familie ist. Ist der grösste Teil des Vermögens immer noch im Unternehmen gebunden, leben die Generationen finanziell wohl privilegiert, aber oft mit dem Ziel, den Kapitalstock mindestens zu erhalten. Wird das Unternehmen liquidiert, braucht es viel Beratung.

Business Governance

Fokussiert sich auf die geschäftliche Governance, also die Unternehmensführung. Es geht dabei u. a. um Aufsicht, Kontrolle, Prüfung, Risikomanagement, interne Revision, Haftung und Vergütung.

Familiendynastie

Eine Familie, der es gelungen ist, das Vermögen über mehrere Generationen erfolgreich weiterzugeben. Da es in der Schweiz keine Herrscher und Adelsgeschlechter gibt, bezieht sich die Dynastie hier auf Familien, die seit mehreren Jahrzehnten aufgrund ihrer wirtschaftlichen und gesellschaftlichen Stellung hohen Einfluss haben.

Family Governance

Die Bildung einer nachhaltigen und wertebasierten Familienstruktur in Bezug auf die Verwaltung des Familienvermögens und dessen Übergang an die nächste Generation.

Immaterielles Familienvermögen

Geschichte, Werte, Entwicklungs- und Kommunikationsfähigkeit der Familie. Dieses «Vermögen» steht nicht in eigentlicher Abhängigkeit zum materiellen Vermögen, wird aber vor allem bei hohem materiellem Reichtum immer wieder auf die Probe gestellt.

Familienleitbild

Eine schriftliche (in wenigen Fällen mündliche) Vereinbarung, die die wichtigsten Verhaltensweisen im Umgang mit dem Familienvermögen und dessen Übergang festhält. In der Regel haben alle erwachsenen Familienmitglieder ein Mitspracherecht, das Familienleitbild zu gestalten. Die Verfasser vertreten die Ansicht, dass das Familienleitbild bei Familien mit operativen Gesellschaften noch vor dem Unternehmensleitbild verfasst werden sollte.

Materielles Vermögen

Alle Mittel, die gekauft und verkauft werden können. Dies schliesst die sehr liquiden Mittel ein, die einen offiziellen Marktpreis haben, wie auch die Mittel, die gebunden sind und deren Verkauf zeitaufwendig ist (zum Beispiel Unternehmen, Immobilien, Private Equity, Kunst usw.).

Matriarchin

Die Mutter einer Familie, die ein Vermögen und/oder ein Unternehmen besitzt und für dessen Erhalt, Entwicklung und Übergabe die Hauptverantwortung trägt.

Meritokratie

Das Verständnis eines Landes oder einer Region, dass rechtschaffene Bürger und Bürgerinnen gesellschaftlich relevant sind, wenn sie es durch Fleiss und Geschick zu Vermögen gebracht haben. Somit ist gesagt, dass der Erbe, der sich darauf konzentriert, *nur* Erbe zu sein, gesellschaftlich einen schweren Stand hat.

Multi Family Office

Ein meist unabhängig operierendes, mittelgrosses Unternehmen, das vermögende Familien in den Bereichen Anlagen und Investitionen, Recht und Steuern, Family (Business) Governance und bei anderen projektbasierten Arbeiten begleitet und berät. Das Multi Family Office betreut im Gegensatz zum Single Family Office mehrere Familien und wird nicht von einer Familie dominiert.

Neues Vermögen

Vermögen, das durch die erste beziehungsweise zweite Generation entstanden ist. Es kann sich dabei um eine sehr erfolgreiche unternehmerische Tätigkeit handeln oder um eine unselbstständige Tätigkeit in einem stark wachsenden Wirtschaftssektor. Der Erhalt dieses Vermögens ist üblicherweise eine grosse Herausforderung.

Patriarch

Der Vater einer Familie, der ein Vermögen und/oder ein Unternehmen besitzt und für dessen Erhalt, Entwicklung und Übergabe die Hauptverantwortung trägt.

Philanthropie

Der Begriff stammt aus der Antike und bezieht sich auf ein menschenfreundliches Verhalten. Dabei kann auch Arbeitsleistung ohne Entgelt für gute Zwecke oder für die Allgemeinheit philanthropischen Charakter haben. Heute wird unter Philanthropie vor allem das Bereitstellen eines bestimmten Betrags des Einkommens oder Vermögens für gemeinnützige Zwecke verstanden.

Private Equity

Eigenkapitalinvestitionen in privat gehaltene, nicht börsenkotierte Unternehmen. Diese Investitionen können direkt in besagte Unternehmen erfolgen oder aber indirekt über Private-Equity-Fonds oder Dachfonds (kollektive Anlageinstrumente).

Single Family Office

Ein Team, das exklusiv von einer Familie angestellt ist, um sich deren finanziellen Belangen anzunehmen. Die Aufgaben können ähnlich sein wie diejenigen des Multi Family Office. Es handelt sich dabei meist um ein sehr grosses Vermögen, das die Kosten des Single Family Office rechtfertigt.

Wohlhabend (vermögend/gut situiert) sein

Wer gilt in der Schweiz als wohlhabend? In den Richtlinien der Sozialhilfe[29] wird Bezug darauf genommen, mit welcher Einkommens- und Vermögenssituation «eine wohlhabende Lebensführung möglich ist». Demnach ist eine vierköpfige Familie mit minderjährigen oder in Ausbildung befindlichen Kindern wohlhabend, wenn sie über ein steuerbares Einkommen von 220 000 Franken im Jahr und ein steuerbares Vermögen von 580 000 Franken verfügt. *Vermögend* und *gut situiert* gelten in diesem Text als Synonyme zu *wohlhabend*.

---

29 Schweizerische Konferenz für Sozialhilfe (Skos), *Richtlinien für die Ausgestaltung und Bemessung der Sozialhilfe,* 4. überarbeitete Auflage, Bern 2005, S. F.4-1.

INTERVIEWPARTNER

Familien mit Vermögen

Pseudonym			
Name	**Vorname**	**Textstelle**	**Tätigkeit**
Bauer	Nick	S. 28	Leitender Angestellter
Baumann	Ralf	S. 67, 72, 90	Unternehmer
Clausen	Sandro, Deborah (Eltern), Mario, Matthias, Marissa (Kinder)	S. 111	Familiendynastie
De Bona	Gabriella	S. 148	Selbstständige Tätigkeit
Dettwyler	Dieter, Daniela (Eltern), Bettina, Theo, Ursina (Kinder)	S. 72, 81 f., 91, 105, 133 f., 144	Vermögenseigentümer
Egli	David	S. 45	Selbstständige Tätigkeit
Fischer	Lukas	S. 30, 46, 72, 93, 146	Unternehmer
Fuchs	Roland	S. 29, 49, 51, 138, 145, 147 f.,	Vermögenseigentümer
Furrer	Familie	S. 80	Unternehmer
Gattiker	Paul	S. 18, 94, 117, 125	Leitender Angestellter
Graber	Ludwig, Susanne	S. 80	Vermögenseigentümer
Gross	Alfred (Vater), René (Sohn), Claire (Schwiegertochter)	S. 144, 149	Unternehmer
Haas	Christian	S. 96	Unternehmer
Huwyler	Claudia	S. 144	Unternehmerin
Isler	Familie, Tochter Giulia	S. 92	Unternehmer
Koch	Sandra	S. 26, 70	Unternehmerin
Meyer	Charles	S. 71, 79, 88	Familiendynastie
Scheidegger	Frank	S. 68, 69	Unternehmer
Schenker	Kurt	S. 35 f., 94, 107	Vermögenseigentümer
Schneider	Tobias	S. 32, 34, 73, 98	Familiendynastie
Steiner	Maurice	S. 43, 91 f., 132	Vermögenseigentümer
Stettler	Hans	S. 71	Vermögenseigentümer
Sutter	Barbara	S. 36	Unternehmerin
Teuscher	Jakob	S. 35	Familiendynastie
Thalman	Sophie	S. 88 f.	Gymnasiastin, gut situierte Familie
Urech	Timo	S. 88	Student, gut situierte Familie
Vogt	Michael	S. 33, 138 f., 144	Unternehmer
Weber	Peter	S. 26 f., 69	Unternehmer, Familiendynastie
Wittwer	Arno	S. 33, 72, 90, 94	Unternehmer

Berater

Name	Vorname	Textstelle	Firma
Christen	Heinrich	S. 108, 138	Unternehmer, eh. Partner, EY, St. Gallen
Kissling	Sonja	S. 103, 116, 121	Family Business Matters, Zürich
Liatowitsch	Manuel	S. 54, 60, 61, 63, 79, 96	Anwalt, Schellenberg Wittmer, Zürich
De Luca	Leonardo	S. 109	De Luca Advisory, Zürich
Nufer	Marc	S. 43, 47, 68	Fürsprecher, Eversheds Sutherland, Bern
Piraud	Caroline	S. 102, 145	Julius Bär Stiftung, Zürich
Strazzer	René	S. 44, 48, 63	Fachanwalt Erbrecht, Zürich

INTERVIEW-FRAGEBOGEN

Für Familienmitglieder

Werte

1. Wie wird in Ihrer Familie mit Geld umgegangen?
2. Was wurde Ihnen von Ihren Eltern vermittelt?
1. Wer oder was hat Ihren Umgang mit Geld geprägt?
4. Was bedeutet es für Sie, vermögend zu sein?
5. Gibt es eine Pflicht, das Familienvermögen zu wahren?
6. Welche Einstellung zu Geld wollen Sie der nächsten Generation vermitteln?

Prozess

1. Was sind Ihre Erwartungen im Zusammenhang mit dem Vermögensübergang?
2. Wie bereiten Sie die nächste Generation darauf vor?
3. Wie stark ist das Vorgehen von familiären Werten geprägt?
4. Wie aktiv ist die nachfolgende Generation im Prozess involviert?
5. Wie stark binden Sie die nachfolgende(n) Generation(en) ein?
6. Ab wann soll die nächste Generation mehr Verantwortung übernehmen?
7. Welche Fachkenntnisse braucht die nächste Generation und wie lernt sie diese?
8. Hat Ihre Familie eine Familienverfassung oder ein Familienleitbild? Wenn nicht, wäre das nützlich?
9. Sagt Ihnen der Begriff Family Governance etwas? Was beinhaltet er für Sie? Braucht es das?

Herausforderungen

1. Wo sehen Sie die grössten Herausforderungen beim Vermögensübergang?
2. Was ist in Ihrer Familie gut, was weniger gut gelaufen? Was würden Sie anders machen?
3. Welche Spannungen können durch Geldfragen entstehen?
4. Braucht es eine Balance zwischen Familiengeist und Finanzkraft?
5. Haben Sie Sorgen, dass Vermögen für die nächste Generation Nachteile bringen könnte? Wenn ja, was kann man dagegen vorkehren?
6. Engagieren Sie sich gemeinnützig? Wenn ja, warum? Welche Rolle fällt dabei der nächsten Generation zu?

Für Berater

(in den Bereichen Family Governance, Vermögensverwaltung, Nachfolgeplanung, Recht):

1. In welcher Lebenssituation stehen die Kunden, wenn sie an Sie gelangen?
2. Wie gelangen die Kunden zu Ihnen?
3. Wie viel erfahren Sie über Ihre Kunden? Wie viel müssen Sie wissen, damit Sie Ihren Auftrag erfüllen können?
4. Welche Schwierigkeiten stellen sich typischerweise aus Kundensicht?
5. Welche Ihrer Fähigkeiten sind in diesen Situationen besonders gefragt?
6. Gibt es Fälle, in denen Sie denken, die Kunden wären besser früher zu Ihnen gekommen?
7. Welche Probleme wären zu vermeiden gewesen, wenn die Kunden anders gehandelt hätten?
8. Welche Probleme der Kunden basieren auf familiären Beziehungen oder Mustern?
9. Gibt es darunter Fälle, die man auf die (nicht ausreichende) Kommunikation innerhalb der Familie zurückführen kann?

10. An welche guten Beispiele eines Vermögensübergangs oder auch eines philanthropischen Engagements erinnern Sie sich?

11. Und an welche weniger guten Beispiele?

12. Wie stark und wann greifen Sie als Berater ein? Sprechen Sie Missstände an? Wie reagieren die Familien auf Ihre Beratung?

13. Wie anspruchsvoll ist es, nicht zwischen die Fronten bzw. zwischen die Generationen zu geraten?

14. Wie offen sind die Familien, mit Ihnen über diese Themen zu sprechen?

15. Haben Sie sich in diesem Bereich «on the job» weitergebildet und/oder verfügen Sie über eine Ausbildung? Gibt es überhaupt eine Ausbildung dafür, kann man es lernen oder muss man vor allem auch «dazu geboren sein»?

16. Verfügen die von Ihnen beratenen Familien über eine Familienverfassung oder ein Familienleitbild?

DANK

Wir danken unseren Interviewpartnern herzlich für ihre Offenheit, das uns entgegengebrachte Vertrauen und die Zeit, die sie sich genommen haben. Ohne sie hätten wir dieses Buch nicht schreiben können.

Ein herzlicher Dank an Vanessa Fasciati, die uns mit ihren zahlreichen Anregungen und Verbesserungsvorschlägen in gewohnt effizienter Weise sehr geholfen hat. Wir danken Gabriela Vetter und Denise Ineichen, die den Text von einer ganz anderen Seite beleuchtet haben. Dank auch an Bernhard Rüdt, der das Manuskript akribisch, kritisch und mit Humor durchgelesen hat, und an Christa Stamm für den scharfen Blick auf die letzte Fassung. Das ganze Team von Marcuard Family Office hat uns nicht nur die Infrastruktur zum Schreiben zur Verfügung gestellt, sondern uns auch zu einzelnen Themen immer wieder Feedback gegeben.

Dank gebührt dem Team von NZZ Libro und im Besonderen Urs Hofmann, Katharina Blarer, Satu Binggeli und Marcel Holliger für ihr Interesse am Thema und für die konzeptionelle Unterstützung bei der Entstehung dieses Buchs.

DIE AUTOREN

JORGE FREY (*1963)
Nach einer klassischen Bankausbildung und einem Betriebsökonomiestudium hat Jorge Frey sowohl im Inland wie auch im Ausland (Paris, New York und Buenos Aires) bei diversen Finanzinstituten gearbeitet. Seit 2006 ist er Managing/Senior Partner bei Marcuard Family Office, einem unabhängigen Multi Family Office, in Zürich (www.mfo.ch). In dieser Tätigkeit begleitet Jorge Frey unter anderem Familien im Rahmen der Family Governance. Sein erstes Buch *Wird der Kunde wieder König* (2015) ist ein Ratgeber und Nachschlagwerk für die Schweizerische Vermögensverwaltung. Er ist verheiratet und Vater von zwei erwachsenen Töchtern.

EUGEN STAMM (*1977)
Eugen Stamm hat in Zürich Rechtswissenschaften studiert und schreibt als freier Journalist für die *Neue Zürcher Zeitung* und die *NZZ am Sonntag* über Geldanlagen und andere Vermögensfragen. Seit 2018 vertieft er als Autor auf der Investmentplattform investiere.ch die Themen Venture Capital und Start-ups.

Klaus W. Wellershoff
Plädoyer für eine bescheidenere Ökonomie
Über Wissen und Nichtwissen in der Finanzindustrie

2018, 200 Seiten, gebunden
ISBN 978-3-03810-331-8

Obwohl viele Ökonomen das Gegenteil behaupten, wissen wir wenig über die Zukunft. Dafür ist das Wenige, was wir wissen, sehr mächtig. Klaus W. Wellershoff trennt die Spreu vom Weizen und vermittelt praktische Instrumente zur Beurteilung der Entwicklung von Volkswirtschaft und Finanzmärkten.

«Dem Autor gelingt es, die Themen leicht lesbar zu vermitteln und mit vielen Grafiken zu veranschaulichen. Besonders wertvoll: Wellershoff argumentiert zur Veranschaulichung seiner Überlegungen stets mit Praxisbeispielen, und er geht auf aktuelle ökonomische Debatten ein.» *Tages-Anzeiger*

NZZ Libro
www.nzz-libro.ch